BOOKS LIFE

斑马書房

我 思 故 我 在

商道

日本商业教父的活法

[日] 涩泽荣一 著

凌媛 吕文开 译

光明日报出版社

图书在版编目（CIP）数据

商道：日本商业教父的活法 /（日）涩泽荣一著；
凌媛，吕文开译 . -- 北京：光明日报出版社，2024.5
ISBN 978-7-5194-7924-4

Ⅰ . ①商… Ⅱ . ①涩… ②凌… ③吕… Ⅲ . ①商业道
德—通俗读物 Ⅳ . ① F718-49

中国国家版本馆 CIP 数据核字 (2024) 第 085823 号

商道：日本商业教父的活法

SHANG DAO: RIBEN SHANGYE JIAOFU DE HUO · FA

著　　者：〔日〕涩泽荣一	
译　　者：凌　媛　吕文开	
责任编辑：谢　香　孙　展	责任校对：徐　蔚
特约编辑：唐　三　史英男	责任印制：曹　净
封面设计：于沧海	

出版发行：光明日报出版社

地　　址：北京市西城区永安路 106 号，100050

电　　话：010-63169890（咨询），010-63131930（邮购）

传　　真：010-63131930

网　　址：http://book.gmw.cn

E - mail：gmrbcbs@gmw.cn

法律顾问：北京市兰台律师事务所龚柳方律师

印　　刷：天津鑫旭阳印刷有限公司

装　　订：天津鑫旭阳印刷有限公司

本书如有破损、缺页、装订错误，请与本社联系调换，电话：010-63131930

开　　本：170mm × 240mm		印　　张：14	

字　　数：140 千字

版　　次：2024 年 5 月第 1 版

印　　次：2024 年 5 月第 1 次印刷

书　　号：ISBN 978-7-5194-7924-4

定　　价：49.80 元

日本财务省宣布将于2024年更新一万日元纸币，采用的人像为涩泽荣一。涩泽荣一是活跃于明治和大正时代的大名鼎鼎的日本商人，这本书是涩泽荣一的演讲集，书中有很多观点源于《论语》的启发。关于涩泽荣一的生平，在此我就不再赘述了。

一本书在另一种语言世界的传播力和影响力，很大程度上取决于译者的翻译。身为译者，我觉得这既是巨大的荣耀，也是巨大的责任。作为一名译者，我更希望自己是一张无限接近透明的纸，尽可能地消除作者和读者之间的语言隔阂，把书里原有的妙趣留给读者自己品味。

同时，在翻译这本书的过程中，我还是一名读者。这本书充分地展示了涩泽荣一的思想观点及其语言风格。而这本书讨论的主题涉及面很广，人格修养、金钱观、女性教育、时间管理、竞争、就业方向、孝道——亲子关系，等等，即使对于今天的我们而言，这些话题也与我们的生活、工作、社会息息相关。我想这一点其实还从另一个角度彰显了以孔子学说为核心的传统文化具有跨越时空的生命活力。文化、文学、思想等各个层面的探讨，最终都要回归于作者、读者以及文本这三者的交互，而时空就像是连接这三者的藤，在这三者之间相互缠绕。因此，我认为对于传统文化我们应该心怀敬畏之心。换句话说，对于传统文化，我们其实应该抱有一种审辨思维，用当下的"我"与当下的社会背景去理解不同时期的文化呈现，进而把不同时期的文化转化成当下的创造力。

全球化的互联网时代大背景之下，各种观点在不断冲突的同时，也在不断交融。没有道德底线的无良商家，唯恐天下不乱的造谣生事者偶有出现。这也让越来越多的人意识到，品德、学识、人性等非常容易受到好或坏影响。幸而，在我们的身边还有不少品德高尚、学识超群、心地善良的人是受到了优秀的传统文化的熏陶。从某种意义上可以说，《论语》中所提倡的君子之道超越了时空，依然存在于当代社会那一个个鲜活的个体心中。

读完这本书，你并不会马上成为一个品德高尚的谦谦君子，这本书也不会让你轻松实现变现，名利双收。但是，这本书依旧有让你继续读下去的价值。我希望在这浮躁，甚至还有些许急功近利的社会背景下，静心读完这本书的你，能够从书中获得属于你自己的所得所悟，更希望有心人能找到为人处世的应对之策。

最后，借此机会，我也想向所有为本书的出版付出努力的人表示感谢，尤其要感谢编辑为本书的出版所付出的辛劳。

凌媛

2022年11月

译者
序二

　　涩泽荣一拥有"日本企业之父""日本金融之王"等一系列头衔，称得上日本历史上的著名人物。从江户时代末期到大正时代，涩泽荣一的一生见证了日本近代史的动荡与变革。本书完成之时，他已年逾古稀，可以说，这本书凝聚了这位不凡的老者对青年人的期冀。在翻译的过程中，我的脑海中也总能浮现出这样一番景象：一位功成名就的老者苦口婆心地劝诫年轻人要做什么、不要做什么，其感情真挚，令人动容。作者对某些社会状况的分析鞭辟入里，百年后的今天依然让人觉得在理。有些观点或有些迂腐老套，想必聪明的读者会加以辨别和过滤，取其精华，去其糟粕。

　　看这本书，我最先想到的便是"儒商"。道德与财富两手抓，这也正是这本书的中心思想，但不止于此，浏览十个章节的题目便可以知道这是一本谈人生的书籍。如果说"儒商"是一种"职业追求"，那么作者想要青年人明白的则是平衡道德与利益的"人生追求"。未必人人都要经商，但却都要在人生中面对道德与利益失衡时的困境，对此，涩泽荣一希望用以《论语》为代表的正统儒家思想消除人们在思想层面的混乱，这就是涩泽荣一的解决方案。我想，读书正是为了寻求应对人生困境的方案。

出版界已经有许多前辈完成了中文译本，这些译本各有千秋，而这次有幸收到邀请翻译此书，本人倍感荣幸，同时也感受到了压力：优秀的读者会去对比译本之间的差距，所以我在翻译过程中时刻保持着紧张感，力图以青年人的努力，去回应"不凡的老者对青年人的希冀"。

本书采用合译的方式，其中，"处世与信条""立志与学问""常识与习惯""仁义与富贵""理想与迷信"由我负责翻译，这里要感谢本书的编辑以及其他为此书出版付出努力的工作人员。最后，希望这本书能够给需要的人带来启示，哪怕只有一点，那也会是译者最大的快乐。

吕文开

2022年初冬

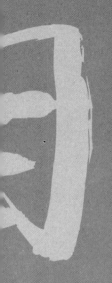

contents

目 录

··

习惯与常识

第一章

处世与信条

《论语》与算盘的距离，既在天涯，又在咫尺

作为孔子的门生记录其言行的作品，《论语》称得上是最重要的典籍。我想，大概所有人都读过《论语》。《论语》和算盘，这两种极其不相称的事物可谓是风马牛不相及，但是我始终认为，算盘借助《论语》发挥作用，而《论语》又依靠算盘来盘活真正的财富。可以说，《论语》与算盘之间的关系，既远在天涯，又近在咫尺。

在我七十岁生日的时候，一位朋友画了一本画册送给我，其中一页画着一本《论语》和一把算盘，一旁还画着一顶洋礼帽和一对配有朱红刀鞘的长短刀。有一天，学者三岛毅①先生来到我的家里，他看到这幅画后觉得十分有趣，便对我说："我研究《论语》，你精通算盘，既然商人也能够如此重视《论语》，那么作为读书人，我也有必要打好算盘，钻研经营的道理。我们一起努力，将《论语》和算盘紧紧结合起来吧！"于是三岛毅先生写下一篇大作，阐述《论语》与算盘的关系，列举了诸多例子来证明道理、事实与利益必须一致。

实现这三者的一致必须有追逐利益的强烈欲望，民众如果只是一味地追求空洞的理论、爱慕虚荣，那么绝对不可能将真理发扬光大。所以我们希望军政界不只是飞扬跋扈，实业界要力图发展，增加物质

① 活跃在日本江户时代末期至大正时代年间的汉学家。

财富，否则国家的财富便无从积累。财富的根本是仁义道德，人无法永远拥有不义之财。我认为，将《论语》和算盘这两种相去甚远的事物结合起来是时下最为紧迫的任务。

士魂商才

菅原道真①曾提出了"和魂汉才"的观点，这很有趣，而我则一直提倡"士魂商才"。所谓"和魂汉才"，是指日本人必须把本国独有的"日本魂"作为精神根基，同时又要修习中国的文化学问，养成才能与技艺。这是因为中国历史悠久，早开文化先河，孔子、孟子等圣贤辈出，中国在政治、文学等方面的积淀要比日本更为深厚。

中国文化学问的典籍不计其数，但是记录孔子言行的《论语》始终处于中心地位。《诗经》《仪礼》等典籍据传也是由孔子编撰，所以汉学可以说是孔子的学问，孔子的思想处于中心。《论语》记录了孔子的言行，据说菅原道真十分喜爱吟咏《论语》。应神天皇②时期，

① 菅原道真（845—903），日本平安时代中期公卿和汉诗文家。生于儒学世家，长于汉诗，官至右大臣，是一名著名的历史人物。因左大臣藤原时平谗言于天皇，被贬后抑郁而终，他被后世日本人尊为学问之神。

② 传说中日本的第十五代天皇，在位时间大约在公元3世纪后期至4世纪初期。

百济的王仁①向当时的日本朝廷进献《论语》和《千字文》，由菅原道真抄录后供奉在伊势神宫，这便是菅原本《论语》的由来。

我所提倡的"士魂商才"具有相似的含义：为人处世，需要有士魂，但是只有士魂却没有经济头脑（商才），那么最终会变得穷困潦倒，所以士魂与商才都不可或缺。有许多书籍可以帮助人们养成士魂，但其中最为基础的依然是《论语》。学习《论语》也能培养商才。伦理道德的书籍看似和商才没有关系，但实际上，商才基于道德。失德、欺瞒、浮华、轻浮等违背道德的商才，即所谓的小聪明、小算盘绝对不是真正的商才。商才不可以远离道德的约束，所以，学习道德宝典《论语》可以培养商才。人生之路坎坷曲折，熟读品味《论语》可以有所开悟，对人生大有裨益。我平生谨遵孔子的教诲，将《论语》作为处世的金科玉律，须臾不离。

日本也有无数的圣贤豪杰，其中最擅长攻城略地、深谙处世之道的当数德川家康。德川正因为在处世方面有过人之处，才能让众多英雄豪杰臣服，开辟相传十五代的江户幕府。在江户幕府的两百多年间，百姓安居乐业，可以说德川家康开创了一世伟业。德川家康深谙处世之道，给我们留下了许多教诲。他的《神君遗训》教给我们处世

---

① 百济（今朝鲜半岛西南部）的儒士，传说在应神天皇时期从百济国前往日本，传播汉字和儒教。有些学者也怀疑其人是否真实存在。

的道理。我将其与《论语》对照来看，发现它们的论点一致，而且《神君遗训》的内容多数出自《论语》。比如，"人生如负重远行"与《论语》中曾子的"士不可以不弘毅，任重而道远。仁以为己任，不亦重乎？死而后已，不亦远乎？"一句相对应。

此外，"常思己过，莫论人非"与《论语》中的"己欲立而立人，己欲达而达人"异曲同工；"不及胜于过"与"过犹不及"立意相同；"忍耐是久安的根基，愤怒是一生之敌"与"克己复礼"意义相近。再比如，"人应有自知之明，如草上之露水，重则坠落"一句劝人安分守己。"以不自由为常事，则无不足；若心生奢望，当回首困窘之时""知胜不知败，终受其害"，等等，与这些箴言意义相似的句子在《论语》各章中反复出现。由此可见，德川家康的处世技巧以及他开辟的两百多年伟业很大程度上都得益于《论语》。

许多人认为，汉学认可禅让、讨伐、征战，所以并不适合日本的国体，其实他们只知其一不知其二。"子谓《韶》：'尽美矣，又尽善也。'谓《武》：'尽美矣，未尽善也。'"读懂这句话就能明白这个道理。尧赞赏舜的德行，禅位于舜，《韶》便是歌颂尧舜功绩的乐曲，孔子评价它"尽善尽美"。《武》传唱的是周武王的事迹，即使武王品德高尚，但是他依靠武力登上王位，所以孔子评价《武》"未尽善"。由此可见，孔子并不尚武。评价人物必须考虑其所处的时代背景。孔子生活在春秋时期，难以直白地评价那段往事，只能委婉地说

"尽美矣，未尽善也"。遗憾的是，孔子不了解万世一系的日本，如果他生在日本，或者到日本后对万世一系有所见闻，又会有几分称赞呢？我想，那一定会是比"尽善尽美"更高的评价。

人们如果不能用由表及里的洞察之眼认真探求孔子学问的精神内核，那么恐怕只会止于皮毛。所以，要走对人生道路就要熟读《论语》。当今世界飞速发展，从欧美各国传来了许多新学说，但这些所谓的新学说不过是新瓶装旧酒，换了种说法而已，其精神内核实际上早已存在于数千年前的东方文化之中。我们有必要研究来自欧美各国的日新月异的知识，但同时不能忘记，在东方的历史文化中依然存在着难以舍弃的精神财富。

天不罚人

子曰："获罪于天，无所祷也。"这里的"天"为何意呢？我认为孔子所说的"天"，就是指"天命"。

人生在世皆为天命，草木、鸟兽各有天命，天命就是上天的安排，同样生而为人，有些人卖酒，有些人卖年糕。圣贤也必须服从天命，即使是尧，也不能违背天命让自己的儿子丹朱继位；即使是舜，也不能违背天命让自己的儿子商均继位。这些都是天命为之，人是无可奈何的。草木终其一生也是草木，变不成鸟兽，鸟兽也无论如何变不成草木，这就是天命。所以，人必须依顺天命行事。

"获罪于天"是指行为乖张、不自然的话，必然会招致祸患，到那时，即使想甩掉祸患也无可奈何。因为那是因果报应，无法推卸，也就是"无所祷也"。

在《论语·阳货》中孔子阐述了："天何言哉？四时行焉，百物生焉，天何言哉？"[①]的观点，在《孟子·万章章句上》中孟子说："天不言，以行与事示之而已矣。"[②]行为乖张、不自然会获罪于天，但是天道悄无声息地罚罪于人，让事情在罪人的周遭自然地发生，使其感受到痛苦，这就是天谴。人无论如何也逃脱不了天谴，正如四季流转、万物生长一样，天命在人生长河中进行。子思在《中庸》的开头就说："天命之谓性。"无论怎样求神拜佛，只要行为乖张、不自然，那么因果报应一定会找上门来，终究是逃不掉的。因而，如果一个人能够遵循自然的道理，行事规矩，问心无愧，那么就能够自信如孔子所言"天生德于予，桓魋其如予何？"[③]真正实现安身立命。

---

① 意为：天道无言，但春夏秋冬自然交替运行，万物自然生长。

② 意为：上天不说话，是用行为和事实来示意而已。

③ 孔子离开卫国去陈国，经过宋国，和弟子们在大树下演习礼仪，宋国军官桓魋想杀孔子，砍掉了大树，孔子于是离去。弟子催孔子快跑，孔子便说："天生德于予，桓魋其如予何？"意思是："我的品德是上天所赋予的，桓魋能把我怎么样呢？"

识人之术

学者佐藤一斋①认为，通过第一印象判断人是最正确的识人之术。在其所著的《言志录》中，他写道："借助初次见面时的面相对人做出的判断多是无误的。"

正如佐藤先生所说，初次见面时的观察与判断大多不会有错，反而是经常见面、思虑过多容易出错。第一印象不会掺杂偏见与人情，极其纯粹，即使对方想要伪装掩饰自己的真实性格，也会被我们清楚地看在眼里。如果经常见面，被流言、歪理与人情世故所左右，思虑过多，反而会产生误判。

孟子有云："存乎人者，莫良于眸子。眸子不能掩其恶。胸中正，则眸子瞭焉；胸中不正，则眸子眊焉。"②这便是孟子的识人之术。

孟子通过观察人的眼睛去判断一个人的品行：心术不正之人，眼神浑浊不明；正直坦荡之人，眼神清澈明亮。这是一种相当准确有效的识人之术，只要仔细观察人的眼睛，就基本能够判断这个人的善恶正邪。

———

① 佐藤一斋（1772—1859），江户幕府儒官，是拥有三千弟子的儒学大家。

② 意为：观察一个人，没有比观察他的眼睛更为有效的方法了。眼睛无法掩盖邪念，正直坦荡，眼睛就会明亮清澈；邪恶不正，眼睛就会昏黄不明。那么，这个人的内心怎能掩盖得了呢？——译者注

　　佐藤一斋先生提倡第一印象，孟子主张观察眼睛，这些都是非常简便、恰当的识人之术，不会出现大失误。但是如果想要透彻地了解一个人，这些方法还有不足之处。《论语·为政》中提到"视其所以，观其所由，察其所安，人焉廋哉"，这是孔子教导我们要从"视、观、察"三个方面来判断一个人。

　　"视"和"观"的字形结构中都有"见"，不过，"视"是指用眼睛去看外形，而"观"则更为深入，不仅用眼，还要用心。也就是说，孔子提倡的识人之术首先要观察一个人外在行为的善恶正邪，接着观察他的动机，再进一步观察他的需求，这样就可以清楚地看到他的真实形象，即使他拼命隐瞒也无济于事。无论行为多么正确，只要动机不纯，那么这个人一定不对，这样的人有时甚至会不惜作恶。但是当一个人的行为、动机都正确，他的需求只在于吃饱穿暖住好，那么他可能会被诱惑，做出意想不到的坏事。所以说，如果行为、动机与需求三者缺一，就无法断定一个人永远正直可信。

《论语》是万人适用的箴言集

　　明治六年（1873），我辞去官职，投身向往多年的实业界，自那时起，《论语》对我就有了特殊的意义。刚成为商人之时，我思考过许多，比如从此必须以微薄的利润谋生，要秉持怎样的志向。那时，我想到了曾经学习的《论语》。

《论语》讲述修己待人的道理，是瑕疵最少的箴言集。我问自己：借助《论语》的智慧可以做生意、谋利益吗？答案是肯定的。

岩国①人玉乃世履走马上任大审院②院长，他擅长书法、写作。在众多官僚中，人们评价玉乃和我认真为官。我们曾是官场上的好友，一同晋升成为勅任官③，心怀成为国务大臣的梦想。听说我要辞官经商，玉乃十分惋惜，极力挽留我。我当时是大藏省④长官井上馨的副手。井上大臣在官制问题上与内阁意见不同，发生争执后辞职，我也随他一同辞职。这样看起来似乎是我也与内阁有分歧，确实，我和井上大臣一样，与内阁政见不同，但是我们辞职的理由不同。

当时的日本，政治、教育环境都有必要得到切实的改善，但是商业经济发展滞后，这样难以实现国家富裕，所以必须做些什么来振兴商业。当时的日本社会，"经商不需要学问，商人有学问反而有害""商人之家富不过三代"的思想盛行，但是我依然下决心要凭借学

① 位于日本山口县。

② 日本明治时期至二战结束初期日本的最高司法机构，明治八年（1875）成立，昭和二十二年（1947）废止。

③ 天皇任命的官员，级别相当于副部级、府县知事。

④ 日本自明治维新后直到2000年期间存在的中央政府财政机关，主管日本财政、金融、税收。

问经商赢利。与我关系再好的朋友也不理解我。玉乃认为我辞职是因为与内阁政见不同，于是严厉地批评我做错了："你很快就会成为长官、成为大臣，你我都是应该在官场为国尽忠的人，但是你却被肮脏的金钱蒙蔽双眼，辞官经商，真是让人大跌眼镜，我从来没想过你是这样的人。"

我随即引用《论语》奋力反驳并说服了他："宋代的赵普曾说自己凭借《论语》修身、治天下。我决心用一生贯彻《论语》中的道理。积累财富有何卑贱？如果人们都像你一样轻视财富，那么就没有了立国之本。高官显爵并非那么值得尊敬，人应为之奋斗的、高尚的职业到处都是，并非只有走上仕途才会受人尊敬。"

《论语》是瑕疵最少的箴言集，明治六年五月，我决心以《论语》为行事准则，一生经商。为此我必须真正读懂《论语》，于是去听中村敬宇、信夫恕轩两位大家的课，但是因为很忙，没能学习全部内容。最近，我又开始跟随大学教授宇野哲人学习《论语》。宇野老师的课主要面向孩子，但每次我都会去听，在课上提出许多问题，就释义谈自己的见解，十分有趣、有益。宇野老师逐章讲解，等到所有人全部理解后才会继续，这样一来虽然进度缓慢，但是学生能够真正理解《论语》，孩子们都兴致盎然。

迄今为止，我向五位老师学习过《论语》，因为并非从事专业学术研究，所以经常有不解深意之处，比如《论语·伯泰》中的"邦有道，贫且贱焉，耻也；邦无道，富且贵焉，耻也"[1]，直到最近我才理解这句话的深意。这一次，我详细研读《论语》，所以注意、领悟到许多内容。《论语》决不是艰深难懂的学理，不是只有学者才能读懂。《论语》的教诲本就应该惠泽世间，但是有些学者却把简单的道理复杂化，认为农民、工人、商人没必要接触、了解《论语》，真是大错特错。这样的学者就像惹人厌烦的看门人，阻碍了孔子学说的发展，把学习《论语》托付给这样的人，是无法与圣人对话的。孔子不会故弄玄虚，而是通情达理，遇见商人、农民也愿意教给他们通俗实用的道理。孔子的学说是实用、平易近人的道理。

等待时机的诀窍

生而为人，特别是在青年时期，如果软弱怕事，凡事极力避免争取，那么就没有进步发展的希望。社会进步同样需要争取，这是不言而喻的。但是为人处世，不轻易放弃争取的同时，也要学会静待时机的到来。

---

[1] 意为：国家政治清明，贫困而且地位低下是耻辱的。国家政治黑暗，富有而且位高权重是耻辱的。

直到今日，我依然认为该争时须争。走过漫长的人生之路，我有所开悟，不再像年轻时那样争强好胜，这是因为我熟稔这世界遵循着种瓜得瓜的因果关系。当由某种原因导致了某种结果时，再怎么努力想要改变形势，也不可能当即改变事物的因果关系。当事物发展到某个阶段时，人无力做出改变。

人生在世，切记要观察形势，耐心地等待时机到来。年轻人一定要与歪曲正义、毁人信念的人或事斗争到底，同时也要学会忍耐，耐心等待时机。

在如今的日本，我们需要奋力斗争以改变一些现象，其中令我最为遗憾的就是斩不断的"官尊民卑"思想。在日本，官员即使做了错事，大多数也会被饶恕，偶尔也会闹得满城风雨，甚至到了要打官司的地步，最终不得不隐居。但与多数被放任的劣迹相比，受到的惩罚只是九牛一毛，微不足道。可以说，官员犯错在一定程度上都会被默许。与之相反，民众稍有过错，就很可能被揭发、收监。如果规定了违法乱纪就要受到惩罚，那就不应该区别对待官员和民众，不应该对官宽容、对民严苛。如果选择宽恕，那么要对官民一视同仁。可是日本的现状就是差别对待官民，刑罚的天平有失公允。

此外，民间人士无论对国家发展做出了怎样的贡献，都很难得到日本政府的承认，而官员仅仅做出了一点成绩，马上就会得到政府的嘉奖。这是我想极力斗争，而且想要改变的一点，但是我也清楚，目前无论我怎样斗争，情况在某一时机到来之前都不会发生变化，所以有时遇到此类事件，我也只是呼喊不公，唯有等待时机的到来。

人应平等

管理者经常把"察其所能，人得其位"挂在嘴边，并苦心经营。其实，"人得其位"的背后，多半掺杂了权谋：为了扩张自己的权势，安排合适的人才在合适的位置，一步步扶植自己的势力，逐步巩固自己的地位，如此一来，最终会构筑起自己的权势圈，在政界、财界等各个领域呼风唤雨，但这并不是我从《论语》中学到的做法。

纵观日本历史，德川家康是最善于使"人得其位"的权谋家。关东地区[①]江户的要地是卫戍德川家的大本营，德川家康利用谱代家臣[②]巩固自己对关东地区的统治，在箱根关所[③]一侧，派大久保忠邻[④]

① 是日本的一个泛区域概念。由如今的茨城县、栃木县、群马县、埼玉县、千叶县、东京都、神奈川县所构成。

② 是指数代侍奉同一个领主家族的家臣。

③ 位于今天日本神奈川县西部，是日本江户时代的重要关隘，东京的门户。

④ 大久保忠邻（1553—1628），德川家谱代家臣，初代小田原藩主。

管理小田原地区①。

以水户家扼东国②门户，以尾张家御东海③要冲，以纪州家固京畿后院，即所谓的"御三家"。让井伊扫部头家④驻守彦根⑤，威慑平安京⑥。德川家康的布局可谓极其巧妙。

此外，越后国⑦的榊原、会津国⑧的保科、出羽国⑨的酒井、伊贺国⑩的藤堂，这些布局安排都很巧妙。当然，德川家康在中国⑪、九州各地的要冲都安排了谱代家臣，借此包围各地大名⑫，使其不得轻举妄

———————

① 位于日本神奈川县西部。

② 东国是日本在古代的一个地理概念，是大和朝廷对东海道铃鹿关、不破关以东地方的称呼。东国的地域包括了关东地方、东海地方。

③ 东海地方包括日本的爱知县、岐阜县、三重县和静冈县。

④ 彦根藩藩主。

⑤ 位于如今日本滋贺县东部。

⑥ 是日本京都的古称。

⑦ 相当于日本现在的新潟县（除佐渡岛外）。

⑧ 相当于日本福岛县西北部。

⑨ 相当于日本山形县及秋田县。

⑩ 相当于日本三重县西北部的上野盆地一带。

⑪ 日本的一个地区概念，由鸟取县、岛根县、冈山县、广岛县、山口县构成。

⑫ 是日本古时封建制度对领主的称呼，由"大名主"一词转变而来。所谓名主就是某些土地或庄园的领主，土地较多、较大的就是大名主，简称大名。

动，为德川家近三百年的政权打下了坚实的基础。

说了这么多，并不是翻旧账，评论德川家康的"霸道"①是否符合日本国体，我只是想说明，在"人得其位"这一点上，纵观日本历史，鲜有人能出其右。

我想效仿德川家康使"人得其位"，并不断为之思索，但我不会效仿他的目的。我，涩泽荣一，无论怎样都会坚持初心，与同道之人交往，完全没有私心，不会把人才当作构筑自己权力的工具，唯一的心愿就是让合适的人才出现在合适的位置。

"人得其位"从而取得成就，这是这个人对国家、对社会的贡献，也是我对国家、对社会的贡献。在这种信念下，我期待人才的出现，决不会玩弄权谋，把人才拉下水，使其成为自己的爪牙。

人才必须有自由活动的天地，如果我不能给某个人才提供足够宽阔的舞台，那么我由衷希望他能够立刻离开我，去往更为广阔自由的天地，按照自己的意愿大展拳脚。

我的人生经验还算丰富，所以有人愿意自降身价为我做事，但是实际上他们只是经验尚且不如我多罢了，我不想居高临下地轻视他们，人与人之间必须平等，把握好度，以礼相待。有人认为我有德

---

① "霸道"在中国古代政治哲学中指凭借武力、刑法、权势进行统治的政策，与"王道"相对，"王道"凭借道德使人自然顺服。

行，我同样也认为他有德行。毕竟人与人之间就是这种相互支持的关系。自己戒骄戒躁，对方也不轻视自己，相互理解，丝毫不逾规矩，这正是我努力追求的东西。

争或不争

世上有人坚决排斥相争，他们认为无论什么情况都不应该去争，甚至说："有人打你的右脸，连左脸也转过来由他打。"人生在世，与人相争是有利还是不利呢？涉及这种实际问题，每个人的回答不同。是否应该坚决排斥相争？有人说是，也有人持否定态度。

我认为不应该排斥相争，人活一个"争"字。有人批评我过于圆滑，但我并非像许多人认为的那样，是一个圆滑世故之徒，把避免相争当作唯一的处世信条。我不会胡乱去争。

《孟子·告子下》中写道："出则无敌国外患者，国恒亡。"确实是这样，一个国家如果想全面发展，那么无论在工商业、学术技艺方面，还是外交领域，都要与外国竞争，拿出必胜的决心不可。不只国家，个人也是如此，如果身边的敌人令自己苦恼，却没有决心与之争斗取胜，那就不会进步。

这世上有两种指导、帮助晚辈的前辈。一种是凡事都温柔以待，

不会呵责训斥晚辈，热情亲切地关照晚辈，绝不会与之作对，即使晚
辈有缺点、失误，也会支持晚辈，永远为晚辈提供庇护。这种前辈会
深受信赖，晚辈会像依赖、爱戴慈母一般对待他们。但是，这样的前
辈真的对晚辈的成长有帮助吗？这值得思考。另一种则正相反，视晚
辈为敌人，以找碴儿为乐，晚辈稍有差池就会大发雷霆，把晚辈训斥
得体无完肤，晚辈犯错误也不会替他善后，严厉对待，态度冷酷不近
人情，经常做令晚辈怨恨的事，不受晚辈欢迎。但是，这样的前辈
对晚辈的进步真的没有帮助吗？我想请年轻人认真考虑一下这两个
问题。

诚然，接受晚辈的缺点、失误并为之提供庇护的热心前辈实属难
得，但是如果只有这种前辈，那么晚辈就会丧失奋发进取的精神。

"即使出错了前辈也会原谅我，无论犯了多大错，前辈都会帮我
解决，没必要过于担心。"在温柔前辈的娇惯下，有人会变得如此这
般漫不经心，做事粗心大意、轻佻急躁，消磨掉奋发进取的精神。相
反，如果有一个严厉呵责、凡事吹毛求疵的前辈，就要时刻紧绷神
经，不敢大意，举手投足都不敢犯错，心里想着"不能让他挑出毛
病"，时刻注意自己的行为，不敢懈怠。擅长挑毛病的前辈不仅会指
责、批评犯错的晚辈，甚至还会对晚辈的父母恶语相向："老鼠的孩
子会打洞。"如此一来，失误不仅丢了自己的颜面，还会让父母蒙羞，
成为一家的耻辱，于是不得不发奋努力。

大丈夫的试金石

何谓真正的逆境？我想用实例来说明。人生在世，一帆风顺本应该是极为普通的，但是正如静止的水面会泛起波纹、平静的空气被扰动后形成风一样，谁也无法断定在安稳的国家或社会不会出现革命与动乱。与和平稳定的时期相比，这显然是逆境。生逢乱世，无可奈何地卷入时代的旋涡，这样的人是不幸的，可以说，这种人站在了真正的逆境之中。如此这般，我也可以算作从逆境中一路走来的人。

我出生在明治维新前后，那是日本最为动荡的时期，我见证了许多变革，回顾明治维新这样的大变革时代，无论怎样的智者或是奋斗者都有可能惨遭横祸，又或是时来运转，前路难以预知。

起初，我主张尊王倒幕①、攘夷锁港②，并为之奔走呼号，后来做了一桥家③的家臣，成了幕府臣子，而后又随民部公子④远赴法国，回国后幕府已经覆灭，日本变成了天皇主政。时代的变化犹如万花筒般令人目眩，个人总归无可奈何。或许是我缺乏智慧，但在努力学习方面，

---

① 推翻幕府统治，让天皇拥有最高政治权力。

② 反对与外国通商，主张驱逐外国人、闭关锁国的排外思想。

③ 江户幕府八代将军吉宗的四男宗尹为家祖，地位仅次于御三家，但与御三家一样有资格成为德川将军家后继。

④ 即德川昭武（1853—1910）。清水德川家第六代当主、水户藩第十一代（最后一代）藩主。

自认为竭尽全力没有懈怠。

社会变迁、政体变革是个人无法左右的浪潮。当时的我身陷逆境，那段经历至今历历在目，有许多人才和我境遇相同，毕竟是大变革时期，此类事情在所难免。随着时间的推移，普通人的生活中虽然不会出现如此大的波澜，但是小风浪却总是一波未平一波又起，所以被卷入旋涡、陷入逆境乃是人生常态，没人能够断言人生绝对没有逆境。

可是身处逆境之人能够反思原因，区分眼前的逆境是自然的还是人为的，并制定相应的对策。

命运的逆境是大丈夫的试金石。那么处于这种逆境下，人应该作何反应？我不是神明，没有什么玄妙法门，而且我觉得世上也没有知晓此类窍门之人。回顾在逆境中的亲身经历，琢磨道理后，我认为唯一的方法就是把逆境作为人生的一部分来接纳。常知足，守本分。无论事态多么令人焦虑，只要能想得开"天命如此，实难有为"，那么无论处于怎样的逆境，都能保持内心的平静。但如果将其解释成人为导致的逆境，认为凭借人的努力总能改变些什么，那么只会徒增劳累而不得效果，最终筋疲力尽，甚至无法安排日后的对策。所以面对逆境，最好安于天命，同时不屈不挠，学习充实自己，静待时来运转。

如果身陷人为的逆境，就只能反省自己、改正缺点，因为这种情况多根源于自己。世上之事，许多都是如此，只要自己努力一番，大多会如愿以偿。但是许多人不会积极地追寻幸福，反而自找麻烦，陷入困境。如此这般，即使想要身处顺境、想要幸福生活，恐怕也难以实现。

蟹穴主义

直到今天，我都把"忠恕一贯"①作为人生信条。自古以来，宗教家、道德家中涌现了不少硕学鸿儒，他们著书立说，教人修身的道理。所谓修身，解释起来说难也难，说易也易。比如使用筷子时的一举一动就包含了修身的道理。本着这样的想法，待人接物时我都以诚意为本。

"入公门，鞠躬如也，如不容。立不中门，行不履阈。过位，色勃如也，足躩如也，其言似不足者。摄齐升堂，鞠躬如也，屏气似不息者。出，降一等，逞颜色，怡怡如也。没阶，趋进，翼如也。复其位，踧踖如也。"②孔子如是教导我们在举止方面该如何修身。此外，

---

① 指儒家的一种道德规范。忠是指尽心为人，恕是指推己及人。

② 出自《论语·乡党》，大意为：孔子走进朝堂的大门，动作小心谨慎，好像没有容身之地。不站在门的中间，进门时不踩门槛。经过国君的座位时，脸色庄重，脚步加快，声音低微。提起衣服的下摆走上堂去，小心屏气。走出来，下台阶，面色舒展。走完了台阶，快步向前，姿态好像鸟儿展翅一样。回到自己的位置，又是恭敬而谨慎。

关于享礼①、聘招②、衣饰、起居方面，孔子也有教导。谈到食物，子曰："食不厌精，脍不厌细。食饐而餲，鱼馁而肉败，不食。色恶，不食。臭恶，不食。失饪，不食。不时，不食。割不正，不食。不得其酱，不食。"③这些都是极其日常的例子，但是道德和伦理正是包含在这些身边的事物当中。

　　处事得当之后，还要认识自己。有人过分相信自己的能力，产生非分之想，只知前进，不知安守本分，那么可能会犯下弥天大错。螃蟹总是挖与自己的甲壳大小相同的洞，我信奉这种主义，时刻牢记自己的本分。但是就在十年之前，还有人劝我一定要做日本的大藏大臣④，要做日本银行的总裁。明治六年（1873）我有感而发，在实业界"挖了一个洞"，心想绝不能从这个洞中无功而返，于是拒绝了他们的好意。孔子教导我们"进吾进也、止吾止也、退吾退也"。进退行止，实乃人生大事，虽说要安守本分，但是忘记进取将一事无成。

_____

① 使臣向朝聘国君主进献礼物的仪式。

② 尽礼数而招徕人才。

③ 出自《论语·乡党》，大意为：粮食不嫌舂得精，鱼和肉不嫌切得细。粮食陈旧变味，鱼和肉腐烂了，都不吃。食物的颜色变了，不吃。气味变了，不吃。烹调不当，不吃。不是时新的东西，不吃。肉切得不方正，不吃。佐料放得不适当，不吃。

④ 大藏大臣一般指日本财务大臣。日本财务大臣，是主管日本财务省的国务大臣，是内阁中最重要的职位之一。

"不成功，便成仁""成大事者，不拘小节"，大丈夫一旦下定决心，就要乾坤一掷不可，同时也不能忘记自己的本分。子曰："从心所欲，不逾矩。"就是说可以在守本分的基础上追求进步。

此外，年轻人需要控制自己的喜怒哀乐。为人处世，出现失误主要是因为没能处理好自己的感情。子曰："《关雎》，乐而不淫，哀而不伤。"孔子强调，要善于调节喜怒哀乐。我也会饮酒作乐，但总会把不淫不伤作为底线。总之，诚心诚意、做事诚信、守规则是我所信奉的主义。

得意之时与失意之时

人的不幸多萌生于得意之时，得意时人容易忘乎所以，由此埋下祸根。所以，为人处世要注意这一点。得意时不松劲，失意时不灰心，关键是以平常心践行做人的道理。同时，必须考虑大事小事。失意之时，人十分注意小事，但是得意之时，许多人就会觉得"不过是这点小事"。要铭记无论是得意还是失意，如果不能常把大事小事都念在心头，那么就有遭遇失败的风险。

面对大事，任何人都会集中精力、周全地思考处理方法，但是面对小事，许多人根本不放在心上，甚至疏忽过头才是常态。但是如果过分拘泥于小事，比如举筷都要劳心费神的话，那么会损耗有限的精力，没有必要任何事情都如此用心。而且有时虽然是大事，但是不用费多大心力也能办成。简单观察表象无法对事情的大小做出判断，小事变大、大事变小也是常事。最好不拘于表象，认真思考事物的本质后，做出得当的对策。

处理大事，首先要考虑自己是否能够应付得来。不过，对同一件事的判断却因人而异。有人把自身的得失放在次要位置，专心考虑解决问题的最佳方法，即使牺牲自己的一切也在所不惜；也有人优先考虑自己的得失，只顾自家利益，不把社会利益放在眼里。

正如千人千面，人的心思也各不相同，不能一言以蔽之。如果有人问我是怎么想的，我会回答他："首先考虑合乎道理的方法，其次考虑这件事是否有利于国家、有利于社会，最后考虑是否符合个人利益。如果这件事不符合个人利益，但是合乎道理，有利于国家、社会，那么我一定会舍小我，顾大局。"

我认为，像这样思量是非得失、是否合乎道理，然后实践是正确的方法。而且不能只是简单思量，要深思熟虑才可以，切忌只看一眼就过早下结论——看某事合乎道理就要追随，看某事有违公共利益就要舍弃。

看起来合乎道理，也要从头到尾好好思量是否真的没有不符合道理之处。看起来有违公共利益，也要认真思考是否真的不能造福社会。总之，不能仓促判断是非曲直、是否合乎道理，如果不得当，努力就会化为乌有。

面对小事，人们常会妄作决断，这十分不妥。因为人们眼中的小事表现出来的都极为细小，容易被轻视，但是千万不能忘记积少成多、聚沙成塔的道理。

有时候，小事可以当场解决，但有时候，小事会成为大事的开端，酿成日后的大祸。有人作小恶，终成恶人；有人行小善，终得善果。鸡毛蒜皮一点点积累也能变成大祸害，点滴幸福也能夯实一人、一家的幸福，这就是积少成多的道理。

冷淡、任性也是由小变大。轻视恶的积累，政治家会腐蚀政界，实业家做不出成绩，教育家会误人子弟。所以，小事未必真的小。世上的事，本无大小之分。我认为区分事情的大小并非君子之道，所以面对一切，在态度、考量上要一视同仁。

这里我想补充一句，得意忘形不可取。古人云"成名每在穷苦日，败事多因得志时"，这实在是真理。对待困难与面对大事时有相同觉悟的人，大多可以成名。

一方面，世上的成功人士都有"隐忍困难痛苦"的经历，这启发我们要绷紧神经；另一方面，失败多在得志之时显现征兆。得意之时，人会觉得"天下没有办不成的事"，轻视所有事，这样往往算盘落空，输得彻底，这和小事变成大事是同一个道理。

所以得意之时不能忘形，事无论大小要等同视之。水户黄门德川光圀①在墙壁上题字"小事分清，大事不惊"，可谓是真知灼见。

---

① 由于曾任黄门官，因此人称水户黄门。日本江户时代的大名、学者、历史学家，水户藩第二代藩主，初代将军德川家康之孙。"圀"是"国"的异体字，为武后新字之一。

第二章

立志与学问

精神防衰术

梅比博士曾经作为交换学者来到日本，在交换期满回国之前，他与我多次真诚地交流。他曾评价道："第一次来到日本，一切都让我感到新奇，这里有新兴国家的气象，上上下下都勤奋学习，而且这种学习是满怀希望的、愉快的，日本很少有懒汉。所谓心怀希望，就是敢于在任何地方求发展。在日本，大多数人都心怀到达成功彼岸的信念，日本人极具潜力。这些都是溢美之词，我不想只说好的却不提坏的，所以要毫无保留地谈谈自己的想法。我平时接触的主要是政府部门、企业和学校，这些机构过于注重形式，甚至形式大于内容，而美国最不拘泥于形式，所以在我看来日本的形式主义十分突出。我认为日本过于拘泥于形式主义的弊端日益严重，必须加以警惕，不能让这种形式主义成为日本的国民性。另外，无论在哪个国家，都不应该只有一种声音。有人说左就应该有人说右，有进步党就应该有保守党，即使同一政党，有时也会意见不统一。在欧美，因意见不同而争论是自然的、高尚的，但是在日本，既不自然又不高尚，甚至是粗鄙的、顽固的。人们为了一些小事，意见不合就恶语相向。也许是我观察的时机不对，这种现象在政界尤为突出。"对此，梅比博士的解释是：长久以来，日本都是封建制国家，小藩国之间相互敌视，右边的藩国强大了，左边的藩国就想打倒它；左边的藩国繁荣了，右边的藩国就要攻击它。虽然梅比博士没有直言这种现象在日本已经成为一种风俗，但是自元龟、天正年间（1570—1592）以来，战国大名三百诸侯相互竞争、相互仇恨的恶习已然流传到今时今日，虽然日本社会不乏温和的氛围，但是如果这种现象日益严重，党派之间的倾轧也会愈演愈烈。

我认为这是封建制度的"流毒"。拿近一点的例子来说，像水户那种英雄辈出的藩国竟然因为倾轧而势力衰微。如果没有藤田东湖、户田银次郎、会泽恒藏这些藩士，没有藩主德川齐昭这样的伟人，没有纷争，也就不会势力衰微吧？我十分赞同梅比博士的观点。

另外，梅比博士也不是很赞赏日本的民族优越感。日本人会因为小事而激动，但是激情很快就会退去、被遗忘。容易激动而又健忘对于自诩身在一等国家、身为大国臣民的日本人来说是十分不恰当的，日本人需要加强修养，学会忍耐。

梅比博士还谈及日本的国体，给出一些忠告。日本人浓厚的忠君思想让梅比敬畏不已，因为在美国人看来这是无法想象的。虽然他之前就略有耳闻，但是在日本的见闻着实令他佩服。他说："说句不客气的话，如果要永远维持这种国体，让君权远离民政才好。"

这不是该由我们评价的问题，但是也不能全部否定这些抽象的评价。我向梅比表示了承蒙赐教的敬意。

梅比博士还谈了许多其他事情，最后，他对自己在日本期间所受的礼遇表示感谢，讲述了自己半年来的真情实感。各个学校的师生待他亲切，令他十分高兴。

虽说这些是一位美国学者对日本的观察，未必能给日本带来多大的利益，但是正如我之前所述，我们必须把外国人的公正评价当作一面镜子，提升器量才配得上大国国民的身份，不断反省才能成为真正的大国国民。不然，人民生活不如意、社会风气恶劣的评价多了，就没有国家愿意与我们交往了。

所以一个人的评价也不能等闲视之。司马光告诫我们君子之道从"且今自不妄语始"。信口开河，无法被人当作君子来尊敬。

一次的行为决定了一生的评价，个人的看法关系到国家的声誉。梅比博士怀着以上感想回到美国，虽说是一件小事，但也值得我们重视。

日本民众要励精图治，让日本的国运更加昌盛。对此我想多说一句，最近社会上常提青年应该怎样，重视青年的学说大行其道。我也同意"青年人重要""必须提醒青年"的观点，但是从我的立场来看，老年人与青年人同样重要。只言青年人重要，老年人怎么都行，是一种没有远见的想法。我曾经在演讲中提到，希望自己成为一个文明的老人。在世人眼中，我究竟是文明还是野蛮呢？我不清楚，我一直以文明的老者自居，在各位看来，我或许是野蛮的老头，不过和我年轻时相比，现在的青年人开始工作的年龄很大，就像日出时分很晚一样。这样一来，很快就会年老体衰，投身事业的时间也大幅缩短。我们假设一个学生到了三十岁还在研究学问，至少要工作到七十岁，但是如果他五十岁或者五十五岁就年老体衰，那么工作不过二十年、二十五年而已。非凡之人或许可以在十年之内成就百年功绩，但多数人并非如此。何况如今社会日趋复杂，情况更是如此。不过，各种学问技术在不断进步，借助科学家的新发明，年老不会那么衰弱，年轻也有了足够的智慧。交通工具的进步缩短了人与人之间的距离，人的活动更为频繁，如果有一天，婴儿出生就能工作，那么就再好不过了，希望以田中馆教授为代表的学者们创造出新发明，实现这一愿景。不过，在这之前，要重点关注老年人的就业问题。要成为一个文明的老人，即使体力衰弱，精神也不能萎靡。这就要不断学习，使自己不被时代抛弃。我认为无论何时自己的精神都不会衰老，我讨厌活成行尸走肉，只要肉体存活就必须让精神健硕。

活在当下

受传统思想影响，即使在德川幕府末期，普通工商业者与武士的教育依然被区别对待。武士把儒家的"修身齐家"作为根本，但他们信奉的信条，不仅包括了个人修养，还要兼济天下，即所谓的"经世济民"。而教育农民、手工业者时并不要求他们有治人治国的想法，只教给他们浅显的道理。当时能够接受武士教育的人十分稀少，所有的教育都是寺子屋式①的，由和尚或者年老的乡绅担任教员。农工商基本囿于国内，一生都与海外无缘，有人认为对于他们而言，低级教育就足够了。

但是幕府和藩国掌握运输、贩卖主要商品的关键，农民、工商业者可以参与的空间十分狭小，平民只是工具。武士甚至拥有施暴、杀人无罪的残忍特权，但他们并不觉得自己的行为是野蛮行径。

直到嘉永、安政年间（1848—1859），情况才慢慢改善，接受"经世济民"教育的武士开始倡导"尊王攘夷"，促成明治维新的大变革。

明治维新之后不久，我就成为大藏省的官员。当时的日本基本上没有什么务实的、科学的教育。武士的教育有许多成熟之处，但是农民、工商业者几乎没有什么学问，普通教育也只是低层次的，多数只是政治教育。虽说对外交流已经开始，但是人们却没有相应的知识储备。

想让国家变得富裕却没有相应的知识储备。一桥家②的高等商业

① 寺子屋发源于日本室町时代后期（15世纪），是寺院开办的主要以庶民子弟为对象的初等教育机构，学童年龄大都是六至十多岁，以训练读、写及算盘为主要教学内容。

② 一桥德川家，德川氏的一个支系。

学校（如今的一桥大学）始建于明治七年（1874），多次濒临停办，这是因为当时的人们认为商人不需要高深的学问。

我辈竭力呼吁对外交流必须有科学的知识储备，所幸出现转机。明治十七、十八年（1884—1885），这种思潮兴盛，很快就涌现出一批才学兼备之士。自那时到现在不过三四十年而已，日本的物质文明已经不逊色于国外，可是德川幕府用以安定日本社会近三百年的强权政治催生了其他问题，这一点显而易见。那时接受教育的武士中不乏品行高尚之人，但是可悲的是，今时不同往日，虽然财富在不断积累，士魂、仁义道德等品质荡然无存，精神层面的教育全面衰落。

自明治六年（1873）起，我辈竭尽微薄之力发展物质文明，如今日本各处都有具备实力的实业家，国家的财富积累也取得了相当的成就，但是没人注意到，与明治维新之前相比，人们的精神层面实际退步了，不，不只是退步，甚至是消亡。我认为物质文明的进步损害了精神文明的进步。

我一直坚信精神层次的提高要紧随财富的增加，人必须坚信这一点。我生于农民之家，儿时接受的教育并不多，所幸有机会修习汉学，由此获得信仰。我不关心今后进天堂还是下地狱，只相信活在当下，做正确的事，就是优秀的人。

大正维新的觉悟

殷商开国君主汤的铜鼎上刻着"苟日新，日日新，又日新"[1]，这就是维新的意义。充分发挥力量，自然就会产生新的力量，锐意进取。大正维新的意义，就在于有所觉悟，上下一致奋斗。但是如今的社会，保守与退缩蔚然成风，尤其需要奋斗努力。与明治维新时期的人物事迹相比，今日之人必须深刻反省。明治维新以来，有失败的案例，但多数事业都充满活力地发展到今天，尽管有许多原因使然，但是活力与精力相当伟大。

如果能善于利用青年时期的血气方刚谋求今后的幸福，那就要将其发挥得淋漓尽致。上了年纪后容易因循守旧，这时候做事就要有危机感。青年时因为正义而畏惧失败，这样的人没有前途。既然信奉正义，那就要为之奋斗到底。心怀正义，甘愿粉身碎骨，就没有办不成的事，必须如此决心，不断前进。只要有这种志向，就能排除万难。即使失败，也是因为一时疏忽，不会陷入内疚，反而会收获许多。如此这般，志向更为远大，变得更加自信，更有勇气，从而在迈入壮年的同时成长为一个有为之人，于己于国，都值得信赖。

肩负国家未来使命的青年人，必须有所觉悟，投身日益激烈的竞

---

① 意为：如果能够做到一天新，就应保持天天新，新了还要更新。

争中。如今的状况持续下去，国家前途难免令人担忧，希望青年人不做日后悔恨的蠢事。

明治时期万象更新，同时秩序极其混乱，但是今非昔比，社会秩序井然，知识普及，利于成事。所以只要细致计划、大胆行动、发挥活力，做大事是极其愉快的。不过在秩序稳定、教育普及的社会中，仅有一点超出常人的进取之心，无法调动众人成就伟业。教育也有弊端，要勇往直前，克服种种困难，在进取的道路上高歌猛进。

丰臣秀吉的优缺点

乱世豪杰不拘礼节、不治家门。这样的事情不只发生在明治维新时期的元老身上，乱世枭雄常是如此，我也难以自夸治家有方。那位绝世英雄——丰臣秀吉就是不拘礼节、不治家门的人。当然，这并不是什么值得赞颂的事。生于乱世，成长于乱世，也是无可奈何的，难以苛责。如果说丰臣秀吉有什么缺点，那么帷薄不修，善于判断时机却不善于制定长期计划这两点是必须提到的。他的优点则不用多说，在于勤勉、勇气、机智和气魄。

在他的这些优点中，最值得我们关注的就是勤勉，这也是我由衷敬佩丰臣秀吉的地方，希望青年人向丰臣秀吉学习。成功不是努力之后就能马上取得成果的东西，而是长年日积月累的回报，丰臣秀吉能成为绝代英雄也是他从零开始不断勤奋努力的结果。

丰臣秀吉作为织田信长手下时，叫作木下藤吉郎。他为织田信长拿草鞋的时候，冬天会把草鞋放入自己的怀中焐暖，所以织田信长的草鞋总是暖和的，注意如此细节，没有特别勤勉是做不到的。织田信长清晨要出门，众人尚未集合，但是丰臣秀吉应声而到，这也是勤勉的丰臣秀吉的一段逸事。

天正十年（1582），织田信长被明智光秀杀害之时，丰臣秀吉在备中①进攻毛利辉元②，听说本能寺之变③立刻与毛利讲和，向毛利借了弓箭火铳各五百件、旗帜三十面和一队骑兵，在距京都仅几里之遥的山崎与明智光秀作战，最终大败明智光秀，在本能寺枭其首，那时距离织田信长被杀仅过去了十三天而已。

在那个没有铁路、没有汽车的年代，交通极其不便，京都发生的事变传到本州岛，丰臣秀吉立刻讲和并借兵杀回京都，这些事情都发生在

---

① 备中国的领域大约为日本现在冈山县的西南部。

② 毛利辉元是战国时代到江户时代前期的大名，丰臣五大老之一，关原合战中西军总大将（被拥立）、长州藩第一代藩主。元龟二年（1571），在祖父元就去世后，辉元继任家督。任内被丰臣秀吉击败而不得不向其臣服。

③ 本能寺之变是日本历史上最著名的政变之一，织田信长的得力部下明智光秀在京都的本能寺中起兵谋反，杀害其主君信长。

两周之内，足以说明丰臣秀吉的非同寻常。如果没有勤勉的实干精神，再怎么有才智，再怎么想为主公报仇，也无法如此迅速地处理这些事情。从备中到摄津①的山崎，丰臣秀吉的军队日夜兼程平定叛乱。

天正十一年（1583），贱岳战争②爆发，丰臣秀吉击败柴田胜家③，最终一统天下，于天正十三年（1585）成为关白④，此时，本能寺之变只过去了三年。丰臣秀吉固然天赋异禀，但是他的勤勉才是成就他的关键。据说丰臣秀吉在织田信长手下之时，只用了两天就修缮好了清州的城墙，令织田大为震惊。这个故事不能简单看成野史，我相信如此勤勉的丰臣秀吉是做得出来的。

———————

① 摄津国的领域大约包括现在日本大阪市（鹤见区、生野区、平野区、东住吉区各区的一部分除外）、堺市的北部、北摄地域、神户市的须磨区以东（北区淡河町除外）。

② 贱岳战争可以说是丰臣秀吉展开统一战争的起点。

③ 日本战国时期名将，尾张织田家的谱代重臣、家老。在织田信秀死后，曾一度拥立织田信长之弟织田信行叛乱，兵败后因作战勇猛而被饶恕。此后在信长麾下屡立战功，成为家臣团的领袖。本能寺之变后与丰臣秀吉对立，1583年在贱岳之战战败，退回居城，点燃储存在天守阁内的炸药而自杀。

④ 日本古代职官，本义源自中国。关白本为"陈述、禀告"之意，该词经遣唐使引入日本，当天皇年幼时，太政大臣主持政事称摄政，天皇成年亲政后摄政改称关白。

天助自助者

总有青年人感叹：想做一番事业却无人可以依靠，找不到门路，也没有赏识自己的人。诚然，如果没有伯乐，英雄也无法充分发挥才能。如果前辈与知己有实力，那么能力更能得到正当评价，但这或许只是小部分人的幸运。一般来说，如果一个人有能力、有头脑，即使没有知己亲眷提拔，周围的人也不会袖手旁观。如今社会的各种组织，如政府、公司、银行并不缺人，但是缺少会发掘、力挺晚辈的前辈，所以这些组织都渴望人才。

这就仿佛是一桌盛宴已经开席，饱餐与否取决于拿着筷子的人。世上哪会有前辈把美食喂到自己的嘴边。从武士到关白，丰臣秀吉没有依靠织田信长，而是凭借自己的努力。可见，想要成就事业，必须自力更生。

前辈不会一开始就给经验尚浅的晚辈安排重要工作。英雄如丰臣秀吉，开始时也只是为织田信长拿鞋的角色。有些高才生被安排做打算盘、记账的伙计杂务，会抱怨道："真是荒唐，人事安排不合理。"这种想法是不对的。虽然让人才去做杂事不符合经济原则，但是这种安排有十分重要的理由。作为晚辈，青年人要相信前辈的安排，认真地完成自己的工作。

抱怨无聊而辞职是不行的，轻视工作、敷衍了事同样是不对的。

无论多么细小的工作，都是大事业的一环，如果做不好细小的工作，最终会影响大局。微小的撞针和齿轮如果无法正常运转，那么钟表也将无法运转。拥有千百万资产的银行如果有一分一厘的账目核对不清，都无法下班。有些年轻人马马虎虎，轻视小事，当时可能无所谓，但没准就会为大问题埋下隐患。

粗心对待小事的马虎之人无法成就大事。水户光圀①的墙壁上写着："小事分清，大事不惊。"无论是商业还是军事，都要如此考虑问题才行。

古人云"千里之行，始于足下"，即使自负为成大事之人，也不能轻视小事，大事皆由小事集聚而成，必须勤勉、忠实、真诚地完成自己的任务。丰臣秀吉能够得到织田信长的重用正是这个道理。拿鞋之事认真对待，领兵之时完成作为将领的任务，丰臣秀吉得到了织田信长的信赖，最终被破格提拔，比肩柴田、丹羽②。总之，无论是前台工作人员还是记账员工，做不到全心全意完成工作，就不会有成功的运气。

---

① 即德川光圀，日本江户时代的大名、学者、历史学家。水户藩第二代藩主，初代将军德川家康之孙。

② 柴田胜家（1522—1583），日本战国时期名将，在信长麾下屡立战功，成为家臣团的领袖。丹羽长秀（1535—1585），日本战国时代、安土桃山时代武将，织田信长帐下名将。

立大志与立小志

天生圣贤另当别论，普通人在立志之时经常会犹豫不决，或者随波逐流，跟随眼前的社会风潮，或者一时受制于周遭事物，糊里糊涂地就做起了自己不擅长的事，这就不是真正的立志。当今社会，秩序井然，一旦决定方向，中途更改十分不划算，所以抉择之时要十分慎重。先要冷静下来，对比自己的优缺点，把自己最擅长的地方作为立志的方向，同时要认真考虑境遇是否允许志向的实现。比如，身强体壮、头脑清晰的人立志一生研究学问，但是财力不足的话就难以实现。所以立志之时要考虑是否有希望一生为之努力。然而实际上有不少人没有深思熟虑，随一时风潮糊涂选择，这样便无法成功。

大志向就像树木的主干，树立之后，每天要为枝叶般的小志向努力。所有人都会因为接触到某些事物而产生某种希望，这就是小志向。举例来说，某人因为某件事而为世人所尊敬，自己也想做些事情去效仿他，这就是一种小志向。那么如何立小志呢？首先，要找准范围，自己的努力不能违背大志向，此外，小志向容易改变，所以要努力不让小志向的改变影响到大志向，也就是说小志向与大志向之间不能冲突，两者必须和谐统一。

以上探讨了立志所要下的功夫，那么古人是如何立志的？作为参考，我们来探讨一下孔子的立志故事。

《论语》中的道理是我处世的规矩，熟读《论语》可以窥见孔子的志向。"吾十有五而志于学，三十而立，四十而不惑，五十而知天命"，可见孔子十五岁的时候就已经立志。这里的"志于学"是否指一生研究学问尚有待推敲，但是应该包括了提高学问水平。"三十而立"说明孔子三十岁的时候已经自立，有了"修身齐家治国平天下"的自信。"四十而不惑"，四十岁的孔子决不会因为外界环境的改变而动摇自己的志向，无论何时何地都能自信行事，到了这个年纪，志向结得硕果，十分坚定。

孔子在十五岁到三十岁之间立志，在此期间还有动摇，但是到了三十岁，决心越发坚定，四十岁时终于不再动摇。

大志向就像人生大楼的骨架，小志向就像装饰，如果一开始没有考虑两者的组合，那么大楼日后可能毁于中途。立志是人生的出发点，任何人都不能轻视。认识自己、有自知之明，进而确定合适的方针才是立志的关键。如果人人都能有自知之明并不断前进，人生便不会出错。

君子之争

有不少人认为我绝对不争，我当然不乐于去争，但也并非完全不

争。如果是为了正道，那么无法不争，否则善不敌恶，正义无法得到
伸张。

我虽不才，但自认为并非圆滑、不中用之人；我不会自恃立场正
确，却不会在恶现象前袖手旁观，也不会退让。无论多么圆滑之人，
都有自己的棱角，正如古代歌谣传唱的一样，"过于圆滑容易摔倒"。

我看似圆滑，实际却有不圆滑之处。年轻时是这样，如今虽年逾
七十，一旦有人试图推翻我的信念，我仍会与之抗争到底。只要是认
定的正确道路无论如何都不会让步，这就是我所说的不圆滑之处。我
希望所有人不分年龄都能做到这种不圆滑，否则人生会变得窝囊而无
意义。虽然人生需要圆滑，但是正所谓"过犹不及"，过于圆滑就会
成为完全没有性格的人，这是《论语·先进》的教诲。

有一件事可以证明我并非绝对圆滑，我也有棱角。说是证明有些
奇怪，但还是谈一谈吧。年轻的时候，我没有和他人动武争执过，但
是上了年纪后，我的容貌让人觉得性格倔强，在旁人看来，我是争强
好胜之人。实际上我与人相争都是采用辩论的方式，从来没有为了权
力诉诸武力。

明治四年（1871），我刚好三十一岁，在大藏省担任总务局长。
当时，国家颁布改正法，对大藏省的出纳制度做出了一项重大改革，
即采用西方的簿记制度，使用发票出纳钱款。

但是，当时的出纳局局长反对这项改革。新制度实施之后，我偶

尔会发现一些过失，会批评责任人。于是终于有一天，出纳局局长怒气冲冲地闯进我的办公室，他本来就对我提议实行的改正法有意见。见到此状，我决定静静地听他说明情况，但是对于拖延实施新规，他没有道歉，反而一味抱怨簿记制度。他说道："就是因为你崇拜美国，从头到脚都学美国，提出个什么改正法，推行簿记制度，出纳才会出现这种过失，责任不在下面的办事员，而在你。如果没有采用簿记制度，我们也不会犯下那样的过失，被你指责。"他完全没有自我反省的意思，我对他的蛮横无理感到吃惊、愤怒，但是我耐心地向他解释："要使出纳工作步入正轨，必须采用欧式簿记法、使用发票。"

但是他丝毫没有听进我提的意见。我们争执了几句，他便面红耳赤，挥动拳头向我打来。我身材矮小，他体形壮硕，但是他怒上心头脚下不稳，所以看起来也没有多么厉害。年轻时我也有些武艺，有几分膂力，如果他动粗我也能打败他。看到他站起身向我袭来，我立刻离开座位，躲闪他的拳头，两三步退到椅子后面。在他拳头落空，不知所措之时，我毅然呵斥道："这里是政府部门，不允许像贩夫走卒一样动粗，你给我适可而止！"

于是他意识到了失态，收起了挥舞的拳头，灰溜溜地离开了我的办公室。后来，有人对他的人事去留提出了各种意见，虽然我觉得只要他本人有所反省就可以，但还是有同事向太政官告状，最终他被免职。时至今日我依然觉得他可悲可怜。

社会与学问之间的关系

学问与社会相去未远，学生对两者的差距想象得过于夸张，所以在见识到错综复杂的现实社会后会觉得意外。今日之社会与往日大不相同，错综复杂，学问也分成多种，比如政治、经济、法律、文学，还分为农、商、工，而且各种学科之下还有细分，比如工科又分为电气、蒸汽、造船、建筑、采矿冶金等，看起来相对纯粹的文科之下，还分为哲学、历史、教育、写作，极其复杂多样。实际从事的工作并不像学校教育那样分门别类，很容易犯错，学生必须多加注意，着眼全局，不误大局，确定自己的立场，牢记与他人立场之间的差别。

有不少人急功近利，不顾大局，拘泥于事，满足于小成功。也有人因为小小的失败而灰心丧气，这是人性的通病。毕业生轻视社会实践，误解实际问题，多数原因正在于此。务必改变这种错误想法。

学问与社会的关系就像看地图和实际走路一样，看着地图，感觉世界都在眼前，国家城镇犹在指尖。陆军参谋本部测绘的地图十分详尽，图上的小山小河、地势的高低倾斜清晰易懂，尽管如此，对照实际仍会出现许多预想之外的情况。自以为看过地图之后就了然于心，真的去往实地却十分迷茫，山高谷深，森林绵延，河流宽阔，寻路而行又遇高山，攀登却无法到顶，或遇大河无法前行，道路曲折难以前行，走入山谷不知何时才能出去。困难随处可见，如果没有足够的信念，没有读懂大局的智慧，就会失望，失去勇气，自暴自弃，迷失在人生的荒山野岭，以不幸收场。

通过这个例子，可以很好地理解学问与社会的关系。总之，社会复杂，即便事先了解，也会有许多意外情况，学生平时要多加注意，研究现实社会。

勇猛之心养成术

精力旺盛、身心活泼，自然就会大有可为。但是如果方法错误，那么就会出现重大过失，所以平时要多加注意，思考如何勇往直前。有人心怀正义，勇往直前，势头自然得以助长。那么如何做到呢？平时要多加注意，身体锻炼必不可少，通过武术训练、下腹部的锻炼，强健体魄，同时陶冶精神，让身心一致成为一种习惯，从而养成自信，自然就会增强勇猛之心。有关下腹部的锻炼方法，时下流行腹式呼吸法、静坐法、气息心情调和法。通常来说，多数人容易一腔热血涌上大脑，神经过敏，对事物快速反应，但是如果养成蓄力于下腹部的习惯，就会心广体胖，变得沉着有勇气。所以自古以来，武术家大多性格沉着冷静而且英俊聪敏。武术竞技不仅锻炼了下腹部，而且习武之人习惯全力以赴，从而使全身自由活动。

培养勇气、锻炼身体，同时还要练习内省。可以通过读书，从勇士的言行中获得感化；也可以聆听上级的指示，身体力行，养成习惯，逐渐形成刚正健康的精神状态，志趣正，有自信。只要乐于追随正义，勇气就会油然而生。不过，青年时代血气方刚，切记不可不加分别地乱用精力，不要有勇气却误入歧途，不要举止傲慢。意气用事不是勇猛过人的表现，而是野蛮狂暴，反而会危害社会，最终自取灭亡，所以要多加注意，不可以忽视平日的修养。

总之，在当今社会，我们无法因循守旧地继承过去的事业。这是一个创新的时代，我们必须赶超发达国家，为此要下定决心排除万难、勇往直前，我衷心希望青年人能够不断健全身心，保持活力。

人生的必行之路

十七岁时，我立志成为一名武士，这是因为当时的实业家与农民、商人一样受到鄙视，地位甚至还不如寻常百姓。当时的社会过于看重门第家世，只要生于武士之家，即使没有才能也能跻身上流，依仗权势肆意妄为。对此，我感到十分愤怒，生而为人，凭什么不是武士就要被歧视？

当时的我简单学习了汉学，也阅读了《日本外史》①，当我详细地了解到政权从朝廷转移到武士阶层手中之后，十分愤慨。生而为寻常百姓并终其一生，是一件可悲可怜之事，所以我曾决心成为一名武士，但并不是单纯地成为武士这么简单，我想成为武士，让政体有所改变。用今天的话来说，就是雄心壮志地想成为政治家、参与国政，但这也导致我背井离乡、四处流浪。用今天的眼光来看，我在成为大藏省官员之前的十多年间，把时间都浪费在没有意义的事情上了。回首往事，我痛惜不已。

坦白来说，我在青年时经常改变志向，明治四年至明治五年（1871—1872）时才最终立志成为实业家。最近我才意识到，考虑到自己的性格才能，投身政治倒不如说是直面自己的不足、勇往直前的壮举，同时我还意识到，欧美各国如此昌盛兴隆，完全在于工商业的发达。如果日本仅仅维持现状，何时才能比肩欧美？我想要为了国家发展工商业，这才下决心进军实业界。这一志向在之后四十年里一贯不变，对我来说才是真正的立志。

回顾曾经的志向，它们都与我的能力不相匹配，是自不量力的选择，必然要反复变更。但是四十年来，我都未曾改变进军实业界的志向，从这一点来看，它确实与我的素养和能力相匹配。如果一开始我

---

① 以汉文写成的纪传体日本历史著作，讲述源平之乱到德川幕府后期的史事。

就有自知之明，从十五六岁起就确立正确的志向，进入工商界的话，那么在我三十岁进入实业界之前的十四五年时光中，我会积累足够多的知识经验，我在实业界的地位一定会比现在高。但遗憾的是，当年年轻气盛，在关键的学习时期找错了方向，虚度了年华，希望想要立志的青年把我作为前车之鉴。

第三章

常识与习惯

何谓常识

为人处世，无论身居何位、处于何种场合，常识都是必不可少的。那么，何谓常识？

我认为，所谓有常识，即是遇事不逾规矩，不偏执，明是非善恶，辨利害得失，言谈举止皆符合中庸之道。从学理的角度来说，有常识就是平衡知、情、意，实现均衡发展。再换言之，有常识就是通达人情、明事理、办事妥当。心理学家倡导剖析人的心理，将其分解成知、情、意三部分，任何人都有必要实现知、情、意的协调。正因为有这三者，才有了人类社会的各种活动，人类才能接触事物使其发挥作用。所以，我想简单谈谈常识的根本原则——"知、情、意"。

那么对于人们来说，"知"（即智慧）发挥着怎样的作用呢？如果没有足够的智慧，就会缺乏辨别事物的能力。一个人如果无法辨别善恶是非，缺乏判断利害得失的能力，那么无论多么有学识，也无法以善为善、以利为利，就会辜负了自己的学问。

由此可见，智慧对于人生极其重要，但是，中国宋代的大儒程颢、程颐、朱熹十分排斥智慧，他们认为智慧会让人身陷权谋术数，变得虚伪欺诈，所以是有害的。他们还认为要聪明追名逐利，就会远离仁义道德，所以要疏远智慧。可是这样一来，原本应该活用于各方面的学问就会变成一潭死水，按照他们的理论，只要提高个人修养、不去作恶就可以了，这是极其错误的见解。如果仅仅独善其身，那么对社会是没有贡献的，人生也就没有了目标。

当然，人不可以作恶，不过仅仅没有染指坏事，却没有完成社会任务，那么也不能称作真正合格的人。如果给智慧套上沉重的枷锁，结果会如何？那样的话，人虽然不会作恶，但是会越发消极，为了做善事而努力的人也会越来越少。

朱熹主张"虚灵不昧"①"寂然不动"②，提倡仁义忠孝，认为智慧会使人陷入权谋之中，极其讨厌智慧。这狭隘地解读了孔孟之道，让世人误解了儒家的大道理。"知"是人心不可或缺的关键要素，所以我认为绝对不可以轻视"知"。

正如前文所述，我们应该尊敬智慧，但并非只要拥有智慧，就能够大显身手。如果不能妥善处理"情"，也就无法充分运用智慧。

试想，一个智商超群却薄情寡义的人会做出怎样的事呢？为了私利，踢倒别人也不会在意。聪明之人只要看一眼，就能够参透事物背后的因果关系，如果这种人无情无义，那么后果将不堪设想，他会把参透的结果用于作恶，永远以自我利益为重，不管不顾他人的

---

① 即朱熹《大学集注》关于"明德"的解释。虚，指无形但又真实的存在。灵，指每个人得之于天的"明德"。不昧，不暗。

② 心中无思无虑，停止各种念头。

麻烦和困难，结果就是走向极端，不可收拾。而调和这种失衡的就是"情"。"情"是调和剂，所有事情都依靠它取得平衡，进而人生圆满。如果人世间没有了"情"将会是一番怎样的情景呢？一切将走向极端，无法收场。所以说"情"不可或缺。

不过，"情"容易让人激动，让人动摇，这是它的缺点。由于人的七情（即喜、怒、哀、乐、爱、恶、欲），世事变化无常。如果不能约束这些情感，就会过于感情用事，所以"意"是十分必要的。只有强大的意志，才能控制冲动的感情。"意"是精神作用的根源，可以说，拥有坚强意志的人是人生道路上的强者。不过，只有"意"却没有"情"和"知"，就只能是一个冥顽不灵、刚愎自用的人。没有理法只有自信，这样的人面对自己的错误主张也不愿改正，永远推行自己的观点。当然，他们也不是没有让人值得尊敬的地方，但是他们缺乏在社会上安身立命的资格，他们在精神上有些缺陷，是不完整的人。

强大的意志、过人的智慧，再加上起调节作用的感情，只有使这三者协同发展，才可谓具备了完整的常识。如今人们经常把"意志坚强"挂在嘴边，但如果仅仅如此，就会变成莽夫，不能成为对社会有用之人。

福祸系于口舌

我是善辩之人，常受邀在各种场合演讲，不知不觉间言过其实，被人找碴儿或是被人笑话。但是无论怎样，我对自己的言论负责，绝对不会说违心的话。或许在他人看来我的话不切实际，但是我确信自己没有口出狂言。虽说祸从口出，但如果因此畏惧不再发声，将会怎样呢？我认为，在必要的场合就应该说必要的话，如果无法用语言传达意愿，那么就会糊里糊涂地断送宝贵的机会，即使躲避了灾祸，也没法借助口舌得福。虽说善辩不会让人钦佩，但沉默也并不可贵。沉默无言在生活中发挥了怎样的作用呢？

像我一样能言善辩的人，惹过祸患，也招过福事。沉默无法让别人了解你的问题，张嘴说出来，或许就能得到帮助进而走出困境。因为我喜欢讲话，所以有人会拜托我从中调和，由此我找到了许多事去做。总而言之，如果我不善言谈，就不会有这么多福事。口舌是灾祸之门，也是福报之门。松尾芭蕉有诗云"冷言似秋风，出口唇齿寒"，这是祸从口出的文学化表现。只看到祸患，未免过于消极，若是严格执行就是让人三缄其口。这样一来，格局便过于狭小。

口舌是引祸之门，也是招福之门。所以说，为了招来福事，善辩也并非所谓的坏事，但与此同时，为了避免招致祸患，说话时要谨慎。即使是只言片语，也决不能掉以轻心，任何人都要牢记福祸的界限。

憎恶才知美好

世人经常误解我，批评我不分清浊，不分正邪善恶。不久前，有人当面诘问我："您把《论语》当作为人处世的根本，在生活中践行《论语》中的道理，尽管如此，受您照顾的人中却有完全相反，甚至可以说是不是儒学中人，他们中的有些人被社会谴责，可是您却若无其事地接近他们，不顾世间的评价，这难道不会有损于您的高尚人格吗？关于此事，我想听听您的真实想法。"

诚然，这些评价很恰当，但是我有自己的想法。我的处世原则是成就自己，贡献社会。我愿意竭尽全力多做善事，促进社会进步。所以我会把为国家、为社会效力放在首位，把自己的财富、地位、子孙的优渥生活放在第二位。心怀志向，为他人行善，提高他们的能力，把他们安排在合适的位置，这或许也是我被世人误解的原因吧。

自从我进入实业界，接触的人也就越来越多。他们模仿我的行为，会发挥各自的长处，励精图治，即使有人只为了自己的利益而努力，但只要事业正确，结果就会有益于国家、社会。我同情这些人，帮助他们达成目标。不仅是针对谋求直接利益的工商业者，对于文人墨客我也一视同仁。比如报纸杂志编辑真心实意地来采访我，只要我的观点（虽然没有什么价值）见诸文章能够发挥一点点作用，我就不会拒绝。给人以希望，不只是成就了一个人，也是造福社会，想到这些，即便忙碌我也会抽时间答应他们的要求，这就是我的信条。无论是旧相识还是新面孔，只要我方便，一定会接待前来拜访我的人，倾听他们的意见和诉求，只要他们的诉求合乎道德，我就会尽力帮助他们实现。

但是，有些人无理地要求门户开放主义，令我感到头疼。有些人与我素昧平生，想让我资助他的生活；有些人因为家境贫寒担心中途辍学，希望我资助今后几年的学费；还有人研究出新发明想要我投资；甚至有人想要创业，请求我出资。每个月都会有几十封来信求我帮忙，我认为只要收信人写的是我，我就有义务去读，所以每次来信我都会过目。还有人亲自来到我家来表达自己的诉求，我也会见他们。我无法当面拒绝信件中的不合理诉求，但是我会向登门来访提出不合理诉求的人讲清道理并拒绝他们。有些人觉得没有必要一一阅读来信、逐个与来访之人见面，但是如果我不这么做，就违背了我平日信奉的信条，所以即使我杂务繁多，并无闲暇，为了坚持自己所信奉的也要花时间去做。如果这些人或者朋友的诉求合理，为了这个人、为了国家社会，我会竭尽全力去帮助他们。总之，合乎道理的事情，我会主动出力帮忙，虽说事后反思，可能是我看错了人或事，但是恶人未必终于恶，善人未必从善至终。不去憎恶坏人，如果可以的话，引导坏人向善，我有时知道某人邪恶也会帮助他，劝他向善。

习惯的感染力与传播力

所谓习惯，是指在不断重复中形成的固定行为。习惯影响内心，也影响行为，坏习惯多了会成为恶人，好习惯多了就成为善人，习惯最终也关系到人格。所以说保持平常心、养成良好习惯，对于为人处世来说十分重要。

习惯不只是个人的事，还会影响其他人，人会模仿别人的习惯。这种由此及彼的力量不仅仅涉及好习惯，坏习惯也是如此，所以要十分警觉。言语行为的习惯，甲影响乙，乙影响丙，这样的例子屡见不鲜。举例来说，最近的报纸上经常刊登一些新文字，某一天在甲报纸上看到一个新字，不久之后，乙丙丁报纸也会转载这个新字，最终，这个字成为社会上通用的文字，比如"时髦""成金"（暴发户）。女子用语也是这样，最近的女学生经常会说"好呢好呢""可不是嘛"，这也可以说是习惯的传播。过去没有"实业"这个词，如今人们也早已熟悉了它，说起实业，人们立刻想到的就是工商业。过去，人们看到"壮士"这个词，必然会理解成壮年之人，现在即使用这个词来形容老年人，也没人会觉得奇怪。通过以上例子我们可以知道习惯拥有强大的感染力和传播力，由此可以推导出：一个人的习惯有可能变成天下人的习惯，所以，要特别注重习惯的养成，而且必须自重。

年少之时是养成习惯的重要时期。从记忆力的角度来说，人在年少之时记住的事情，年老之后也会历历在目。我记得最清楚的依然是年少时读过的经典、历史书籍，如今上了年纪，读过的书马上就会忘记，所以说，年少之时一旦养成习惯，终生难以改变。从幼儿到青年，人容易养成习惯，要抓住这个时期养成好习惯，使之成为自己的个性。我在青年时离开家，周游天下，养成了相对放纵的生活习惯，后来因为不能改正坏习惯而苦恼，不过每天有改善的想法，最终改掉了多数坏习惯。明知不对还不改正，是因为没有足够的克制力。根据我的经验，年老之后也要重视习惯的养成，努力改正青年时养成的恶习。如今社会日新月异，我们更要有这种自重之心，砥砺前行。

习惯是不经意间养成的，但在关键时刻可以改变。人们容易把习惯当成小事而轻视它，我行我素。无论男女老少，都应该留心养成好习惯。

伟人与完人

历史上有很多英雄豪杰不能很好地平衡"知、情、意"三者。比如有人意志十分坚定，但是智谋不足；有人兼具意志与智谋，却缺少人情味。这样，即使是英雄豪杰也称不上是一个有常识的人。从某一方面来看，他们有伟大、超凡之处，一般人难以企及。不过，伟人与完人是完全不同的。伟人具有普通人应有的一切缺点，即使如此，也有超越常人的优点可以弥补，但是与完人相比还是有不足。而完人可以充分调节"知、情、意"，是一个有常识的人。我当然希望日本能够伟人辈出，不过社会上的多数人更希望世上到处都是完人，也就是说，他们希望社会上有常识的人更多一些。对于社会而言，伟人的作用不是无限的，但对完人的需求却无穷无尽。如今社会体系完善发展，如果还有无数有常识的人为之奋斗，那么社会就不会有缺憾了。不可否认，只有特殊情况才需要伟人。

青年时期，人的思想不稳定，好奇心重，会做出令人意外的事。随着年纪增长，人会逐渐稳健，不再心浮气躁。然而，常识是极其平凡的，与好奇心所追求的事物正相反，青年人喜欢特立独行，不会去修养平凡的常识。如果让青年人努力成为伟人，他们会乐于努力，但是如果让他们学习常识、成为完人，他们会感到痛苦，这是青年人的通病。

理想的政治环境依赖于民众的常识，产业的进步发展也离不开实业家的常识。所以，即使不情不愿，也要努力学习常识。而且实际的情况是，拥有健全常识的人占据政界、工商界支配地位，行业领袖并非拥有高深学识的人。常识的伟大无须赘言。

真假亲切感

有些人冷酷无情，做事毫无诚意，行为乖张又不认真，却得到信任，走向成功。与之相反，有些人极其认真，做事充满诚意，同时又践行忠恕之道，但是却被人疏远。研究天道是非的矛盾，其实是十分有趣的问题。

判断一个人行为的善恶，必须把他的动机和行为结合起来看。无论他多么认真，动机多么忠恕，只要他的行为迟钝、放肆，他就什么也不是。虽然动机是为了别人好，但是行为伤害了别人，那就不是善行。在过去的小学课本上，有一篇讲述"亲切待人反而害人"的课文，这篇课文讲的是一个小朋友看到小鸡破壳而出时的困境，好心地帮助小鸡剥开了蛋壳，结果小鸡却死了。我记得《孟子》中也有许多类似的故事，虽然我记不清具体的描述，但还记得大致意思。有一则故事讲述了一个人为了帮助别人闯入他家，打破了窗子，这种做法让人难以忍受。还有一则故事讲的是梁惠王问孟子政事，孟子回答说："庖有肥肉，厩有肥马，民有饥色，野有饿莩，此率兽而食人也！"①孟子认为，用刀杀人和操弄政治杀人在本质上没有区别。孟子与告

_____

① 出自《孟子·滕文公下》，意为：国君厨房里有肥肉，马房里有肥马，人民却带有饥饿的脸色，野外有饿死的穷人，这简直是率领着野兽在吃人啊！

子①的不动心说②的差别就在于"不得于心，勿求于气，可；不求于言，勿求于心，不可。夫志，气之帅也；气，体之充也。夫志至焉，气次焉，故曰：持其志，无暴其气"③。这是在说，动机是心之根本，气是心的外在表现。即使动机出于善意，合乎忠恕之道，也往往会出现并非本意的结果。所以要坚持本心，不冲动，做正确的事，所以不动心的修养十分必要。

孟子有浩然正气，有助于不动心的修养，而普通人容易出错。"宋人有闵其苗之不长而揠之者，茫茫然归，谓其人曰：'今日病矣！予助苗长矣！'其子趋而往视之，苗则槁矣。"④孟子借这个故事极力批判告子，他认为要使禾苗长高，必须注意浇水、施肥、除草，直接拔苗来助长实在荒唐。先不论孟子的不动心是否可行，世人往往揠苗助长却是不争的事实。让禾苗长高的想法出于善意，但是拔苗的行为

————

① 告子的真实身份尚有争议，但是作为战国时期的思想家，他主张人性不善不恶，与孟子的性善论相对。

② 所谓不动心，可以理解为不被影响，自主掌控自己的状态。

③ 意为：不认同某人的言论，就不要再去探求他内心的想法；不能在内心想法上得到认同，就不要去探求他的勇气。心志是勇气的统帅，勇气是身体充实的关键。心志最重要，勇气居第二。要保持心志，不要放弃勇气。

④ 出自《孟子·公孙丑上》，意为：有个宋国人担忧禾苗长不高就把禾苗往上拔，一天下来十分疲劳，回到家后对他的家人说："今天可把我累坏了，我帮助禾苗长高了！"他的儿子急忙跑到田里去看，发现禾苗全都枯死了。

却是不对的。不管动机多么善良且符合忠恕之道，只要行为不善，就无法得到人们的信赖。相反，即使动机有些不正，如果行为机敏忠实，也会得到人们的信赖，取得成功。

动机是行为之本，认为即使动机不纯，只要行为正确就没问题是不对的。只要有手段，甚至可以骗过圣人的眼睛。在现实社会中，人们把关注的重点放在了行为善恶，而非内心善恶，前者要比后者更容易辨别。行为敏捷善良的人更容易获得信赖。据说，将军吉宗①在巡视地方时，看到一个孝子背着老母亲在人群中向他行礼，于是嘉奖了这个人。一个平日里游手好闲之人听说了这件事，也企图有样学样，借了别人的老母亲背在身上向吉宗行礼，吉宗看到后也要嘉奖这个人，不过左右对他说："此人是假装孝顺。"但吉宗表示"做样子也让人感受到了孝道，应当嘉奖"。

"西子蒙不洁，人皆掩鼻而过。"②即使是倾国倾城的美人，沾染污秽的话，也会使人们避而远之。与之相对，内心凶狠外表婀娜之人会在不知不觉中迷惑众人，这是人之常情。所以说，行为的善恶要比动机的善恶更容易被人察觉。巧言令色会时运亨通，而忠言逆耳、动

---

① 德川吉宗（1684—1751），江户幕府第八代将军。

② 出自《孟子·离娄章句下》，意为：即使像西施那么美丽的女子，沾染上污秽、恶臭的东西，别人也会捂着鼻子躲着走开。

机纯良、认真反而会被贬低，这是八面玲珑之人相对成功的原因，不禁令人感叹天道无常。

何谓真才真智

人生在世，最重要的就是不断学习，增长智慧。自我的成长、国家的利益，都离不开智慧的积累成长，但是我们要先培养人格。人格修养极其重要，那么何谓人格呢？我很难去下一个定义。不过，极少数没有常识的英雄豪杰却拥有崇高的人格。人格与常识真的必须同时拥有吗？有的人对社会有用，于公于私都受到重视，他们拥有真才真智，具备完善的常识。

要完善常识，首先要关注自己的境遇。正所谓"一己之境遇，非存乎一心不可"，可能这个表述还不够准确，我对西方的格言不太了解，只会从东方的经典中举例。《论语》中教诲众人关心自身境遇的大大小小的例子不在少数，圣人孔子也会时刻关注自己的境遇，不赞成行为举止不符合自身境遇。孔子问子路："道不行，乘桴浮于海，从我者其由与？"①子路听后欣喜不已，觉得是老师对自己的肯定，

① 出自《论语·公冶长》，意为：如果主张的确无法推行了，我想乘着木排漂流海外，只有子路会跟随我吧。

没有听出孔子的言外之意。看到子路对自己的境遇并不十分了解，孔子接着说道："由也，好勇过我，无所取材。"①

当子路听到老师肯定自己，说子路可以与他一起乘小船渡海之时，内心欢喜，但是如果他更加了解自己的境遇，他就可以答复孔子："那么，渡海要取怎样的材呢？"这才合了孔子的意，孔子没准会接着说："我们去朝鲜或者日本吧。"还有一次，孔子让两三个弟子谈自己的志向。子路最先回答，称如果给自己机会治理国家，他可以在很短的时间内将国家事务打理得井井有条。孔子对子路的回答付之一笑。众弟子轮流发言，最后，孔子催促正在鼓瑟的曾点也发表看法，曾点说："我和他们想法不同。"孔子说不同也没关系，于是曾点接着说道："莫春者，春服既成，冠者五六人，童子六七人，浴乎沂，风乎舞雩，咏而归。"②孔子听后喟然感叹："我赞同曾点啊。"众弟子离开后，曾点问孔子刚才为何笑话子路。孔子回答道："治国要用礼，可是他毫不谦让，所以我笑他。"子路对自己的境遇没有自知之明，所以被孔子笑话。

---

① 意为：子路好勇胜过我，除此之外没有长处。

② 出自《论语·先进》，意为：暮春时节，穿着春天的衣服，和五六个成年人、六七名少年，在沂水沐浴后，在舞雩台上吹吹风，唱着歌回来。

不过，有的时候孔子也会说自负的话。桓魋①要杀孔子之时，弟子们都惶恐不已，而孔子却说："天生德于予，桓魋其如予何？"当时的孔子泰然自若，十分清楚自己的境遇。后来，孔子从宋国回鲁国的途中被很多人包围，形势危急，弟子们很害怕，孔子说道："天之将丧斯文也，后死者不得与于斯文也；天之未丧斯文也，匡人其如予何？"②淡然处之，丝毫不担心自己的安危。据说有一次孔子去太庙，每一件事都要问个清楚，有人对此感到奇怪："孰谓鄹人之子知礼乎？入太庙，每事问。"③而孔子表示这就是礼，可见他十分清楚自己的境遇。正确地运用理法是孔子能够成为圣人的不二法门。效仿孔子的人，事无巨细，毫不懈怠，这是成为圣人的必由之路。所以我觉得多数人无法成为圣人，但是只要我们不弄错境遇和地位，超越普通人不是一件难事。但是世人往往背道而驰，容易得意忘形，忘记自己的境遇，做出不符合自己身份的事情，或者遇到困难就萎靡不振。凡人得势自满，逢灾发愁，正是这个道理。

---

① 桓魋，又称向魋，子姓，东周春秋时期宋国（今河南商丘）人。任宋国主管军事行政的官——司马，掌控宋国兵权。桓魋怕孔子师徒来到宋国后会取代他，对孔子有恶意。

② 出自《论语·子罕》，意为：天若要灭亡此种文化，我等后人也就不会被赐予此种文化了；上天若不想灭亡此种文化，那么匡人又能把我们怎么样？

③ 出自《论语·八佾》，意为：谁说孔子懂得礼呢？他进到太庙里，每件事都要问。

动机与结果

我讨厌心术不正的轻薄才子。无论行为多么巧妙，只要没有诚心，我就不愿与这样的人为伍。然而我不是神，对我来说，看透别人的内心不是一件容易的事，先不考虑内心是否纯良，有时候很容易被巧言令色之徒所利用。王阳明提倡知行合一与良知良能，他认为内心所想会在行为上体现出来，内心善良则会行善，行凶作恶自然是内心险恶。但是在我们普通人看来，内心善良也会有恶行，行事善良也会有内心恶毒的一面。我不太了解西方的伦理学与哲学，只读过"四书五经"、程朱理学，借此对人性之论与处世之道有些许研究。没想到我的以上意见和包尔生①的伦理学说相吻合。包尔生说："英国的伦理学家米尔黑德认为'只要动机善良，结果不好也可以接受'。"这是所谓的动机论。比如克伦威尔为了救英国于水火之中，弑杀昏庸的君主，自己登上宝座，这从伦理上来说不算邪恶。包尔生的学说至今仍被当作真理，很有市场，他认为必须定量定性地仔细考虑动机与结果（即心智与行为）。克伦威尔化解了英国的危机，他的所作所为就能得到正面评价，但是如果他让英国危在旦夕，那么他就是有罪的。

---

① 包尔生（1846—1908），德国著名哲学家、伦理学家、教育家，思想上属康德派，是当时所谓"形而上学泛心论"的代表。

我不清楚包尔生的学说是不是真理，但是与米尔黑德推崇的"心善则行善"相比，包尔生的"判断善恶要对比动机与行为"确实更为合理。我经常接待客人，自认为回答他们的问题是我的义务，热情相待，没想到他们之后还要来，这一次自己会有些不情不愿。对于同一件事，两次的心态完全不同，同一动机，时机不同，情况也大相径庭。就好比土地有肥沃有贫瘠，时节有寒有暖，人的思想感情也是不断变化的，虽然志向坚定，面对的人不同，结果也会不同。所以，判断行为的善恶，必须定量定性地综合考虑动机与结果。

人生在于努力

今年①，我已经是七十四岁的老人了。近几年，我都尽量避免处理杂务，即使这样也没能够成为闲散之人。我依然还在打理自己创立的银行，依然活跃在一线。如果失去了勤勉进取之心，无论是老人还是青年，都无法进步。往大了说，如果国民没有勤勉奋斗精神，那么国家就无法繁荣昌盛。我认为自己是勤勉之人，没有一天会懈怠工作，每天不到七点钟就会起床，与访客见面，尽管访客众多，只要时

———
① 1913年。

间允许，多数时候都会接待他们。

我一个古稀老者尚能不懈怠，年轻人更应该努力。始于怠惰必将终于怠惰，而怠惰不会有好结果。跪坐要比站起身来行走舒服，但是跪坐的时间久了，膝盖会痛；躺下更舒服，但是躺久了腰会痛。怠惰者会越发怠惰，长年累月，就会落后于他人。所以人要养成勤奋努力的良好习惯。

世人常说要增长智慧、了解时势，诚然，这些都是必要之事，想要了解时势，增长智慧是必要的，也就是说必须精进学问。智慧十分重要，但是如果不会运用也是无所裨益的，如果不够勤勉，再高的智商也没有应用价值。一时的勤勉不够，终身勤勉才行。全国上下勤勉，国力才能得以发展。与之相反，怠惰的国家会衰落，邻邦大清王朝正是这样一个例子。养成勤勉的习惯，一个人可以带动乡里，乡里可以带动国家，国家可以带动世界，勤勉不只是为了自己，考虑到乡里、国家乃至世界，非发愤图强不可。

智慧是成功的要素之一，也就是说学问是成功必不可少的条件，但是，只要有智慧就能成功的想法是不折不扣的谬论。《论语》中有这样一个故事。子路曰："有民人焉，有社稷焉，何必读书，然后为学？"子曰："是故恶夫佞者。"① 我认为子路说得对，仅仅把用功读

————
① 出自《论语·先进》，意为：子路说："那个地方有老百姓，有社稷，治理百姓和祭祀神灵都是学习，难道一定要读书才算学习吗？"孔子说："所以我讨厌那种花言巧语却不付诸实践的人。"

书当作勤勉学习是不对的。

总之，凡事都取决于平时的所作所为。我用医生和患者的关系来举例说明这件事：有些人平时不注意卫生，生病了马上就去找医生，他们认为救死扶伤是医生的职责所在，医生永远都应该医治病患，但这种想法大错特错。医生一定会劝诫人们平时要注意卫生。同样，我希望所有人都能够坚持勤勉的习惯，同时，平时多留心积累经验。

近正远邪之道

关于某事，能够判断"要这样""不要那样"，那么就可以区分是非曲直，迅速做出常识性判断，不过有时并非如此。比如，有人在劝诱我们时花言巧语，又用大道理做后盾，我们就会在不知不觉间放弃自己的主张，踏上相反的路。能够在这种情况下保持头脑冷静、坚持自我，是修炼意志过程中的当务之急。面对对方的说辞，在做出决定之前，要先自问自答才好，比如思路清晰地问自己："听他的话，虽然一时间可以受益，但是将来会出问题吧？""这样做决策不利于当下，但是对未来有利吧？"

面对眼前发生的事情，如果能够自省，那么回归本心也就成了一件容易的事，从而接近正道，远离邪路。我认为，这是对意志的磨炼。

虽说都叫磨炼意志，但是意志也分善恶。石川五右卫门①磨炼邪恶意志，于是偏执地作恶。修炼意志，人生必不可少，但也没有必要去修炼邪恶意志，我不便在此长篇大论。如果方法错了，搞不好就会成为下一个石川五右卫门。因此，磨炼意志要基于常识、行于现实。这样一来，以一颗经受过磨炼的心待人接物，应该说不会有什么过失了。

论述了这么多，我们可以得出这样的结论：从常识出发，有必要磨炼意志。而关于养成常识，我曾经论述过，这里就不再赘述，其根本在于孝悌忠信的思想。如果能够凭借忠、孝，以及由此两者构成的意志，让诸事有序进行，又不凭借外力，凡事都经过冷静思考之后再做决断，那么，磨炼意志这一点就没有欠缺了。但是，事情经常突如其来，根本不给人们冷静思考的余地，必须立刻做出反应。平时怠惰、缺乏锻炼的人就难以当机立断，从而让结果与自己的心意相反。所以说，平时多加磨炼，最终会成为习惯，这样一来，无论遇到什么情况都能处变不惊。

---

① 原名真田八郎，因是河内国石川郡山内古氏的家臣，所以改称石川五右卫门。据说他学得伊贺忍术曾试图刺杀丰臣秀吉，深遭丰臣秀吉痛恨。后来，因窃取丰臣秀吉的千鸟香炉时失手被捕，最终被丰臣秀吉处死。

第四章

仁义与富贵

真正的生财之道

应该如何看待实业才好呢？毫无疑问，工商业都以谋利为目的，如果不是这样，就不会产生公共利益，也就没有意义。但是如果只图私利，别人怎样都无所谓的话，会变成怎样的情况呢？这是难以说清楚的问题，如果真的如此，那么就会变成孟子所说的："何必曰利？亦有仁义而已矣。"[①]"上下交征利而国危矣。"[②]"苟为后义而先利，不夺不餍。"[③]真正的生财之道，必须以仁义道德为基础，否则无法长久下去。但这么说又会被误解成轻视利益、去人欲、不近人情。可以盘算私利，这是一种欲望，俗人被这种欲望驱使，只不过仁义道德不可或缺，否则社会将逐渐衰微。

以上的话仿佛出自学究之口，在千年前的中国宋朝，当时的学者也宣扬仁义道德，但是他们舍弃了循序渐进发展的原则，空谈理论，灭人欲，走向极端，结果就是人衰国弱，被元朝进攻，战乱不断，最终被元朝取代。

---

① 出自《孟子·梁惠王上》，意为：何必说利呢？只要说仁义就行了。

② 出自《孟子·梁惠王上》，意为：上上下下互相争夺利益，国家就危险了啊。

③ 出自《孟子·梁惠王上》，意为：假使臣民不讲义理，只一味追求私利，最后必定是不把别人的东西夺尽，就不会满足。

空谈理论的仁义会损伤国家的元气，降低生产力，最终使国家灭亡。要牢记，仁义道德失衡也会导致亡国。只有谋利和看重仁义道德这两件事并行不悖，国家才能够健康发展，个人才能够各得其所。

想想石油业、制粉业、化肥业，如果没有谋利的观念，产业发展听其自然，那么绝对不会有进步，绝对不会赢利。如果社会事业的发展与个人利害无关，其他人赢利或是亏损与自己的幸福都无关的话，社会事业就无法得到发展。如果是个人的事业，那么必然会有"想要事情有进展""想让这项事业有所发展"的心理，这是无可争议的事实。如果这种观念超越其他观念，或者不知大局、不察是非、独善其身，会怎样呢？所有人都会遭受不幸。想要独自获利，反而独受其害。在遥远的过去，百业待兴，或许还能够侥幸独自获利，但是如今随着产业发展，一切都要按照规则推进。这就好比通过狭窄的检票口时，如果所有人都争着自己先过去，那么结果就是谁都过不去，大家共同陷入困境。只顾自己则无法受益，我想只需要举这一个例子大家就能明白了。

我希望人们在依照仁义道德行事的同时，能够拥有追求进步发展的欲望，否则就会像宋代一样衰亡。另外，欲望的触角伸得再长，如果和仁义道德相违背的话，那么就会"不夺不餍"，陷入不幸。

金钱的作用在于使用的人

自古以来，有不少崇尚金钱的格言谚语。"结交需金钱，钱少情不深。"可见有些人甚至认为金钱可以支配友情，支配这种形而上的精神世界。而东方文化自古以来重精神、轻物质，在这种话语体系中，"金钱可以左右友情"是精神的堕落，令人心寒。但这其实是我们日常生活中常见的问题。比如聚会，多年未见的老友来访，必然要备上一桌丰盛的酒食，通过吃饭加深友情，而这些都离不开金钱。

俗话说"有钱能使鬼推磨"，出一分钱，推一寸磨，真是讽刺至极！但是也说明了金钱的作用之大。去东京站买票，无论是多么有钱的富豪，只要买了三等票就只能坐三等车厢；无论多么贫穷，有一等票就可以坐一等车厢。这就是金钱的伟大力量，我们无法否认。虽然花再多的钱也不能让辣椒变甜，但是可以花钱加无限多的糖来掩盖辣椒的辣味。平日里难以沟通的人，为了金钱，态度也柔和不少，这是政界常有的事。

这么说来，金钱的力量不容小觑。但是金钱本无心，善恶存乎人。拥有金钱是对是错，很难一言以蔽之，金钱本身不能决定自己用于善或恶，善人持之益善，恶人取之益恶。所有者的人格决定了金钱的善恶，我经常和别人谈论这一点。

昭宪皇太后①曾经吟咏："最是无情阿堵物，是福是祸随人心。"这首和歌道出真理，令人佩服不已。

然而世间的人，总喜欢把钱用在坏处，古人对此戒之忌之。正所谓"小人无罪，怀璧其罪""君子财多损其德，小人财多增其过"。《论语》中有"不义而富且贵，于我如浮云""富可求也，虽执鞭之士，吾亦为之"，《大学》中也有"德者，本也；财者，末也"，诸如此类，不胜枚举。我引用这些名言，绝对不是说可以轻视金钱，而是想告诫大家：立于世间，想要成为一个完整的人，首先必须正确认识金钱，很有必要思考一下金钱在社会中的作用。过于看重或者轻视金钱都是不对的。"邦有道，贫且贱焉，耻也；邦无道，富且贵焉，耻也。"孔子并非鼓励贫穷，而是"不以其道得之，不处也"②。

孔子的商业观与富贵观

儒学者对孔子学说误解最深的，莫过于其富贵观、商业观了。他们凭借对《论语》的解释，把"仁义王道"和"经商致富"对立起

---

① 昭宪皇太后（1849—1914），日本明治天皇之妻，大正天皇的嫡母。

② 出自《论语·里仁》，意为：君子不享受以不正确的方式获得的富贵。

来，鼓吹"孔子认为富贵之人没有仁义王道，要成为仁者，就必须舍弃富贵的念头。"可是我翻遍了《论语》，都没有找到一句类似的话，倒不如说孔子论说经商之道，只是一些说法在字里行间，比较隐晦。儒学家未能把握全局，将错误的解读流传于世。

"富与贵，是人之所欲也；不以其道得之，不处也。贫与贱，是人所恶也；不以其道得之，不去也。"① 有人觉得，这些话体现了孔子轻视富贵，但是仔细品读这些话，就会发现孔子没有轻视富贵，只是劝诫人们不要沉迷于追求富贵。如果借此认为孔子厌恶富贵，那真的是荒唐至极。孔子所言之意在于：如果富贵不符合道义，倒不如安贫乐道；走正路取得的财富无可厚非。所以孔子没有轻视富贵推崇贫贱，要注意到，关键的论述在于"不以其道得之，不处也"。

再举一例，"富可以求也，虽执鞭之士，吾亦为之。如不可求，从吾所好"②，这句话也常被解读为孔子轻视富贵，但是仔细品味就会发现孔子丝毫没有此意。只要是用正当的手段获得财富，即使去做卑微的执鞭人（车马夫）也无伤大雅。这句话的深层意义在于"走正路"，后半句在讲必须用正当的方法获得财富，不要汲汲于财富，与

① 出自《论语·里仁》，意为：每个人都向往金钱和地位，但是君子不会享受以不正当的手段获得的富贵；每个人都厌恶贫困和卑贱，但是君子不会通过不正当的途径摆脱它们。

② 出自《论语·述而》，意为：如果富贵合乎于道就可以去追求，虽然是给人执鞭的下等差事，我也愿意去做。如果富贵不合于道就不必去追求，那就去追求我的爱好。

其手段卑劣地积累财富，倒不如安贫乐道。放弃不义之财，但未必要甘于贫贱。我们不能忘记这句话潜藏的关键词是"正确方法"，正所谓"君子爱财，取之有道"，如果我斩钉截铁地说"孔子不会觉得做执鞭者营生是一件卑贱之事"，没准会惊掉一些道学先生的下巴，但这正是出自孔子之口，而且孔子生财有道，认为不义之财与功名"于我如浮云"。但是儒学家不明白这一点，富贵也好，功名也好，不分对错善恶都视作错误，这种想法太过荒唐。毕竟，孔子也在追求正当的富贵功名。

救贫的第一要义

我过去一直认为，从人道主义角度、经济发展角度来看，贫困救济工作不得不做，如今看来，扶贫工作也有其政治必要性。我的朋友出国去考察欧洲贫民救助方法，他花费了一年半的时间才回到日本，他出发时我多少出了一点力，所以待他回国之时，我召集感兴趣的人，希望这位朋友在席间发表一次汇报演讲。他说，英国为了完成贫困救济工作煞费苦心地经营了三百多年，但时至今日也只取得了一点点成效。丹麦比英国要好些，法、德、美都有各自的办法来及时处理贫民问题。但是，国外的事情看得多了，就会发现他们从很久以前就开始做我们现在想要做的事情了。

在这个报告会上，我对到场的朋友们说出了自己的看法：无论出于人道主义，还是经济层面的原因，都必须救助弱者，从政治角度考量更是如此，但救助不是让他们悠闲地吃白食，要避免直接救助，避免滋生贪念，可以减少底层群体的税金，因税金与他们有直接的利害关系；也可以取消食盐专卖制度，这也是合适的方法。这次报告会由中央慈善协会支持开办，协会的各位成员也都同意我的想法，他们开始从各个方面调查，以期找到可行的具体方法。

人们常常认为，辛苦赚来的钱理所应当只属于自己，但实际上这种想法大错特错。单打独斗无法成就事业，个人都是依赖国家、社会的帮助获得利益，安身立命，没有国家、社会做靠山，任何人都无法立足。如此一来，随着财富的不断积累，所需要的社会助力就越来越多。投身济贫工作就是反哺社会，是应尽的义务。必须尽力帮助社会发展，正所谓"己欲立而立人，己欲达而达人"，越爱自己，就越应该爱社会。世上的富豪有必要着眼于此。

在这样的大背景下，天皇忧心百姓，下旨发放未有先例的救济金。富豪们是否也应该做些什么以回应陛下的洪恩呢？这是我三十年来的夙愿，如今终于得以实现。听到圣旨之时，我觉得日本的济贫工作未来光明，心中喜悦难以言表。同时我也在思考，什么样的救助方法才最为恰当。不过，凡是政策，都要把握好度，让乞丐一夜暴富的方法并非慈善。

另外，富豪为了趋附圣意也会给慈善事业捐款，有些人别有用心，有些人出于面子，这样的慈善事业即使取得一些成效，也缺乏诚意，结果往往会催生恶人揣度圣意。我希望富豪可以担起自己肩负的社会责任，为维持社会秩序、国家安宁做出贡献。

罪不在金钱

陶渊明有诗云："盛年不重来，一日难再晨。"朱熹告诫世人："少年易老学难成，一寸光阴不可轻。"青年时容易耽于空想，陷入诱惑，如梦般虚度年华。我的青年时代也是转瞬即逝，如今后悔虚度光阴也无济于事。希望年轻人把我作为前车之鉴，不要重蹈覆辙，励精图治，做出一番影响国家命运的大事业。本来就有觉悟的年轻人要坚定自己的信念。

改变志向、决心需要注意许多事，其中最重要的就是金钱问题。无恒产者无恒心，而当今社会组织复杂多变，如果对金钱没有足够的认识，那么一不小心就会失败。

金钱是宝贵的，也是卑贱的。宝贵在它能够代表劳动成果，是约定俗成的一般等价物，可以衡量几乎一切物质世界的东西。金钱不仅指金银纸钞一类的货币，而且指所有可以充当买卖中介的东西，是所有财产的代称。

我曾经提到过昭宪皇太后吟咏的和歌："最是无情阿堵物，是福是祸随人心。"这首和歌犀利地指出金钱的本质，令我佩服不已。

《孟子·滕文公上》中阳虎对孟子说："为富不仁矣，为仁不富矣。"阳虎固然不是一个值得尊敬的人，但是在当时，他的话在一般意义上被作为至理名言，为人们所认可。汉学典籍中还有诸如"君子财多损其德，小人财多增其过"这样的表述。总之，在东方文化中，鄙视金钱是一种风气，君子不可接近，小人也要回避。想要改掉世人贪得无厌的毛病却矫枉过正，最终走向极端，形成鄙视金钱的风气。年轻人一定要注意这件事。

从我的经验来看，《论语》和算盘应该是一致的，孔子宣扬道德，同时也关注了经济问题，论据散见于《论语》之中。《大学》还论述了生财的正确方法。政务的主要花费就在于百姓的衣食住，这些必然离不开金钱。经世济民必然需要道德，所以必须调和经济和道德两者的关系。我作为一个实业家，为了鼓励大家调和经济与道德之间的关系，经常拿协调《论语》和算盘来举例简单说明，引导人们重视两者的关系。

在过去，不仅是东方，西方也有鄙视金钱的激进风气。谈到经济，首先要考虑得失，有时不免损伤谦让清廉的美德。普通人容易犯错误，于是有人说，悬着一颗心时刻警惕错误，自然就形成了一种风气。

我记得，有份报纸曾经刊登过亚里士多德的一句话"所有商业皆是罪恶"，这种说法虽然很极端，但是仔细思考也可以理解其中的道理：在思考得失的过程中，人们容易被利益和欲望蒙蔽双眼，变得不仁不义。亚里士多德的话虽然过激，但目的是告诫人们。

喜欢关注物质、金钱，是人性的弱点，所以难免忽视精神追求，看重物质利益。越是思想幼稚、道德观念差的人，越容易如此。在过去，民众普遍缺乏教化，道德并不高尚，有许多人会因为自己的得失而染指罪恶，所以作为万恶之源的金钱更加被鄙视。

今日之社会，民智更为开化、进步，有许多思想高尚的人，他们对金钱的追求也有所进步，他们用得当的方式取得收入并消费，公平正确地认识金钱。

但是正如前面我所讲的，人性有弱点，有些人还是会利欲熏心，把财富放在道义之前，认为金钱至上，忽视重要的精神追求，成为金钱的奴隶。虽说变成这样，责任在个人，但是诚惶诚恐地看待金钱之灾祸，让我们不禁想起亚里士多德的话。

好在随着社会进步，人们逐渐认识到追逐利益和道德并行不悖。特别是在欧美，"通过正当劳动积累财富"的观念落地生根。日本的青年人要特别注意这一点，避免金钱之灾，逐渐学会利用金钱的真正价值。

滥用金钱的实例

"御用商人"这个词在民众眼中带有罪恶的意味，民众对御用商人心怀愤懑，听到这四个字就觉得可憎可恶。如果我被叫作御用商人，也会不愉快。御用商人就是指以金钱之力向权势献媚的商人。但是，只做廉洁正直之事也会被人误解成御用商人，让我感到意外。

实际上，国内外的御用商人都有雄厚的财力，他们中的多数人都明辨是非，重面子，重信用。政界权贵提出要求，如果这个要求不靠谱，他们多半不会轻易接受。他们知道对公交易相对麻烦，多少会发生些事情。之前的海军贿赂案那种大案，只能说是政商界狼狈为奸，如果有行贿无受贿，那么必然也是一个巴掌拍不响。另外，官员或是委婉或是露骨地索贿，但是所谓的御用商人实业家出于良心或是信用，也是极有可能加以拒绝。没有此类权钱交易，也就没有犯罪。

回顾海军贿赂案，在军舰和军需品订单方面行贿，其实不只西门子公司一家，主要物资的采购基本存在着贿赂问题。不只是海军，陆军也有贿赂之风。通过这种方式采购的物资价格昂贵，但是质量差，让人叹息。

"一人贪戾，一国作乱。"（《大学》）贿赂不是一件简单的事，由小及大，个人的卑劣行径甚至会搅得天下大乱，十分恐怖。

我以前认为行贿受贿只会发生在国外，不会出现在日本，所以当听说三井公司的人因涉嫌行贿而被捕时，我十分痛心。我认为，之所以会发生这样的事，是因为仁义道德与经济利益被分开考虑。如果生意人能够把用正当手段谋利作为信条，那么就不会有人犯下行贿的罪行。

如果对方利欲熏心，委婉暗示甚至明目张胆地索贿，我会果断拒绝，因为这是与正义相左的行为。以这种觉悟经商，就不会发生此类事情。我越发痛感实业家提升人格修为的重要性，如果不能刹住实业界的不正之风，那么国家安全就无从谈起，对此我深感忧虑。

确立义利合一的观念

我经常说，没有把经商和仁义道德结合起来，才会"为仁不富，为富不仁"。将利益和道义拆开来看，十分不合理。这会得出一个极端的推论：生意人可以不顾责任和道德。多年来，我一直对这种看法痛心不已。其实这是孔子身后的学者之过。凡是读过"四书"的人都会晓得孔孟之道提倡利义合一。

下面举例说明后世儒学者如何曲解了孔孟之道。宋代大儒朱熹在《孟子》的序中提到："外边用计用数，假饶立得功业，只是人欲之私，与圣贤作处，天地悬隔。"[1]这句话贬低经商致富，与亚里士多德的那一句"所有商业皆是罪恶"如出一辙。换句话说，有仙风道骨之人追求仁义道德，而经商者可以无视仁义道德。

这绝对不是孔孟之道的精髓，而是闽洛学派[2]捏造的虚妄之词。自元和、宽永年间（1615—1643，德川幕府时期）此类学说就盛行起来，如今提到学问，人们首先想到的就是这类学说，可见时至今日，这类学说仍然毒害日本社会。

从根本曲解、误传孔孟之道，结果就是投身实业的商人都成了利己主义者，他们的心中没有仁义，没有道德，甚至会为了赚钱钻法律漏洞。如今，许多所谓的实业家，只顾自己赚钱，不把他人、社会放在眼中，如果没有法律法规，他们一定会巧取豪夺。长此以往，贫富差距会越来越大，社会发展也将停滞不前。这是误传孔孟之道的儒学家多年浸淫留下的余毒。

随着社会发展，实业界的竞争必然会越发激烈。但是如果实业家汲汲于私利，无视社会公益，那么国将不国，各种危险思想将会滋生蔓延，这份责任将由实业家承担。为了社会稳定、健康发展，要矫正

_____

① 意为：即使用手段取得功业，也不过只是满足了个人私欲，与圣贤的境界相比，天壤之别。

② 宋明理学四大学派（濂学、洛学、关学、闽学）之二。朱熹因在福建讲学，弟子多为福建人，形成的学派世称"闽学"。洛学是北宋程颢、程颐所创立的理学学派，因"二程"居住洛阳，并在此讲学，故称"洛学"。

错误思想，以仁义道德为根本，树立义利合一的观念。有许多富贵且仁义的例子，可以从根本上消除人们对义利合一的疑问。

富豪的道义

说我不服老也好，说我苦口婆心也好，虽然我一把年纪，但日以继夜，仍旧为国家奔波。回到家里，还会有人找上门来，有些人要求我捐赠，有些人要求我出资，有些人问我借学费，还有不少人提出了无理的要求，但我还是一一与之见面。

社会很大，鱼龙混杂，如果我把来访者悉数拒之门外，那么也有可能把有才能的人关在门外，这是缺乏社会责任感的表现。所以我不对任何人设置屏障，真诚会见每一个来访者。拒绝无理要求的同时，尽力帮助他们实现合理诉求。

中国有句古话："一沐三梳发，一饭三吐哺。"周公在吃饭的时候有客人来访，他把嘴里的食物吐出来，等客人离开后再接着吃饭，可是又有客人来，如此重复，一顿饭三次吐出嘴中的食物。奠定汉朝百年江山的刘邦效仿周公，广纳贤才，早上沐浴之后有人来访，他没有梳理完头发就握着头发去见客人，"三梳发"是指他为了接见客人，三次中断梳发。

我不敢自比周公、刘邦，但是我可以做到以诚相待、恭迎贤才。有许多人认为，接见客人是一件很麻烦的事，尤其是一些所谓的富豪名流，这样对社会无益，也没有尽到道德义务。

前些日子，我见了一个富家子弟，他刚刚大学毕业，向我请教进入社会的注意事项。我事先对他声明，他的父亲很可能认为我说的都是废话，之后说道："现在的富豪思想保守，无心承担社会责任。富豪不能只顾赚钱，要知道是社会成就了财富。比如，拥有许多地皮的人把多余的空地出租，他的租金来自社会——租客努力工作赚钱，事业兴盛的话，租金也会水涨船高，地主由此获得更多的收益。所以富豪要清楚地意识到自己能够成为有钱人，离不开社会的恩赐，要带头在社会公益、公共事业中发挥积极作用，这样社会才能更加健全，同时自己的财富也能稳定增长。如果富豪无视社会，认为离开社会也可以维持财富，对社会公共事业漠不关心，那么他与社会民众之间的冲突在所难免。一旦民众对富豪怨声载道，卷起仇富浪潮，罢工示威，最终损失巨大。所以在追求财富的同时，千万不能忘记社会的恩情，要履行自己的义务和责任。"

这些话可能招致富豪的怨恨，其实只要我们一起努力，这是可以实现的愿景，但是，世上的有钱人大多思想保守。我在一群富豪面前说要多关心社会，就有人不愿意。这些人保守顽固，无论我怎样奔走努力都无法顺利说服他们。

目前，由我牵头计划给明治神宫建造一座外苑，就是在代代木或青山一带建一个大公园，里面有纪念明治天皇的图书馆，以及各种教育性质的娱乐设施，预计费用在四百万日元左右。这是一件十分有社会教育意义的事，只是筹措资金并不容易，需要岩崎（三菱财阀）和三井出力，希望其他富豪也能够尽自己的社会责任，为公共事业做贡献。

能赚会花

金钱是通用世界的货币统称，是一般等价物。纸币尤其方便，可以购买任何东西。在过去，人们以物易物，而如今，只要有钱，就可以随心买东西。能够代表其他物品的价值正是货币的可贵之处。所以，货币必须和物品的价值相等。如果仅仅是名义上等价，而实际上货币贬值，那么相应地，物价就会飞涨。

货币还有方便化整为零的优点。一个价值一元的茶杯，无法分给两个人，如果弄成两半，每个人得到的部分就不值五毛钱了。但是货币可以分割，想要一元钱的十分之一，可以选择一毛钱。货币还可以给物品定价。如果没有货币，就没法区分茶碗与烟灰缸的价格差别。如果一个茶碗价值一毛，一个烟灰缸价值一元，那么茶碗的价格就相当于烟灰缸的十分之一，正因为有货币，两者的价格才能确定下来。

总之，金钱必须得到尊重，不只年轻人，男女老少所有人都应该尊重金钱。货币是一般等价物，应当和物品一样被尊重。即使不足为道的东西，圣人大禹也会加以珍惜。宋代朱熹曾说过："一粥一饭，当思来之不易；半丝半缕，恒念物力维艰。"一寸丝线、半张纸，甚至一粒米都不能浪费。

有这样一段佳话。英格兰银行著名银行家吉尔伯特年轻时去银行面试，在离开银行的时候，看到地上有一个别针，就随手捡起来别在了衣襟上。看到这一幕，面试官叫住他，问他捡了什么，吉尔伯特毫不胆怯地回答是别针，并解释说："捡起来它还有用，但是就这样被丢在地上很危险。"他的回答令面试官十分动容，于是又追问了他一些别的问题，结论是觉得他是一个有思想、有抱负的年轻人，最终决定录用他。后来，吉尔伯特果然做出一番成就。

金钱是彰显社会力量的重要工具，值得尊敬，在必要时也要会消费。能赚会花，才能推动社会进步。促进经济发展，是有志之士的心愿，真正擅长理财的人，必须既会赚钱，又会花钱，会花钱意味着支出得当。手术刀在大夫手中可以救人性命，但是到了坏人手中就成了伤人的武器。尊重金钱，不能忘记善用金钱。金钱既可贵又可卑，是否可贵取决于所有者的人格，但是许多人曲解了金钱可贵的含义，一味地吝惜金钱。避免浪费的同时，也不至于吝啬。如果不懂得能赚会花的道理，就会成为一个守财奴。我想提醒年轻人不要乱花钱，也不要成为守财奴。

第五章

理想与迷信

理想要合理

　　输掉战争是一件惨事，但是举全国之力投入战争不符合王道。虽然时下日本还不需要如此担心卷入战争，但是工商界要考虑今后如何发展。我们应该考虑世界局势和平之后实业界应该做些什么。也许会发生意外的变化，觉得会好实际上坏，或者觉得坏实际上好，这是我们无法预料的，但是，面向未来，人应该有理想。即使事与愿违也必须凭借信念行事。凡事三思而后行，可以少犯错误。即使遇到战争爆发这样的意外事件，人生在世，兴趣和理想就应该遵循相应的规则，而商业的准则就是信誉，如果不守信誉，实业界就没有了坚实的基础。

　　战争结束之时，正是我们实业界的责任越发沉重的时刻。希望各位预测自己的生意会如何发展，合理地规划接下来的工作。不久前，有个美国人评价日本人"有大局观，有切实的理想，努力工作"，这令我十分高兴。

　　我已经老了，盼望日本日益繁荣富强，人民安居乐业。我想这也是所有实业家的心愿。无论时局如何变化，身处实业界必然有如此愿望，我想，所有人一定都是这种想法。

　　经历如此规模的战争，得到的教训就是：预测未来要深思熟虑，根据自己所经营的事业，制定合适的方针，必须遵守商业道德，必须守信。如果所有实业家都能做到这一点，不仅财富可以增加，国民的素质也会得到大幅提升。未来时局千变万化，不过考虑每个人的责任，可以做到因时制宜。

要有热忱

最近流行这样一句话："无论做什么工作，都要有热忱。"我不是学者，无法准确地定义"热忱"，但是我殷切希望所有人都能对自己的职责保持热忱。

热忱这个词听起来像是理想，也像是欲望，或者像是兴趣、爱好。但是对于职务的热忱，不可以流于表面，要积极主动投身工作，有理想有抱负，才是对工作有热忱。

不只工作，我希望人们对自己的人生也要有热忱。目标高远，并不断追求，才会在世间得到应有的功德。如果做不到这样，只是按部就班完成工作，那么生命存在的意义就仅仅剩下形式了。

有一本书提到了一种养生理念：人老了，如果每天只是吃睡，那就不是作为生命存在于世，而是一具行尸走肉。所以说，人老之后，身体不再灵活但是用心生活，这样才是一个鲜活的生命。我希望每个人都拥有鲜活的生命，而不是行尸走肉。我虽老矣，但时刻如是提醒自己。如果社会上的"行尸走肉"多了，那么日本就会失去生机活力。

当我们问别人是否还活着的时候，是在问他的肉体是否还健在。经营生意也是如此，必须有热忱，否则人没有精神，宛如木偶人。

只要对自己的工作有深厚的热忱，即使进展不如意，也会由衷地产生理想和欲望。子曰："知之者不如好之者，好之者不如乐之者。"这是热忱的最高境界，对于自己的工作，必须如此热忱才行。

道德应该进步吗

道德也会像自然科学一样不断进步吗？道德应该随文明的发展而发展吗？之前我也提到过这些问题：以宗教信仰来坚定自己的道德是否正确？或者以某种理论来维持道德是否正确？这些解释不能说明道德是不断进步的。道德这个词，早在中国古代的尧舜时代就有了。它源自王者之道，十分古老。

进化、进步不仅限于生物。根据达尔文的理论，古老的物种会自然进化。随着科学发明进步，许多事情都发生了变化，进化论对许多生物做出了解释。随着研究的深入，人们发现进化不只是生物界的现象，很多事情都在进化，进化与其说是变化，不如说是前进。

中国的"二十四孝"举出二十四个事例，其中最可笑的是郭巨的故事，他穷到没钱供养老母，所以想活埋自己的儿子，却在挖坑时发现一罐黄金，于是不用活埋儿子也能养得起老母了。他在当时被标榜为孝子，有德行，但是在如今，如果为了赡养父母而活埋子女，那真是荒唐得不行。对于孝道，同样的做法，时代不同，评价自然也不同。

再举一例，王祥为了满足继母吃鱼的想法，卧冰求鲤。故事无从考证，如果是事实，那么即使为了孝道，在心诚得以感天动地之前也早就被冻死了，反而违背孝道。

"二十四孝"中的故事多是虚构的，现在看来很难作为宣扬孝道的合适例子。人们对于善事的评价，会随着时代的变化而变化，但从物质层面来看，没有电和蒸汽的时代与现在已经没有了可比性，如果道德标准也是如此变化，那么过去的道德标准已经没有值得遵守的价值了。但是也并非完全如此，无论物质文明如何进步，古今中外，圣贤们提倡的仁义都没有太大的变化，所以这种道德并不会因为文明的进步而发生变化。

消除对立

法国有句谚语："强者总是有理。"随着文明进步，人们越发崇尚公理、热爱和平，厌恶相争的感情也是与日俱增。换言之，战争的代价随着社会的进步越发高昂。如果所有国家都能意识到这一点，极端的纷争自然就会消失或者减少。明治三十七年、三十八年（1904—1905），一个名叫格尔木的俄国人写了一本书，名叫《战争与经济》。他认为，随着社会的进步，战争会越来越惨烈，成本也增加了，最终战争会消亡。俄国皇帝曾经主张召开和平会议，是受这一类言论影响的结果。

如果人们都相信战争会如此惨烈，那么这次欧洲大战就不会发生了。去年①七月底，各大报纸都在报道战争疑云，我刚好外出旅行两三天，有一个朋友问我对时局的看法。从报道来看，大家相信战争已经爆发，但是前几年摩洛哥危机②发生时，美国的乔丹博士发电报说："由于双方听从了美国著名银行家摩根的忠告，避免了战争。"

乔丹博士素来提倡和平，才会与我联系，我们经常有书信交流。虽然我对他的观点存有疑虑，但是我相信，随着社会进步，人们思考问题的方式也会变得更加周全，战争必然会减少，这是大势所趋。

我对如今欧洲的战况不甚了解，但也觉得悲惨。尤其是德国的行径，已然不顾文明。根源在于道德并没有成为普世的价值观念，最终导致了战争的爆发。当然，所谓政府，责任就在于保护自己的国家，

————

① 1914年。

② 20世纪初，法国迅速向摩洛哥扩张势力，大举进行经济渗透，控制摩洛哥财政，并同西班牙划分在摩洛哥的势力范围，与德国发生冲突，导致两次国际危机。

可是，就不能制定统一的道德标准，让国家之间的弱肉强食消失吗？

如果领袖和国民没有欲壑难填，那么也不会发生如此残酷的战争了。一方退让，另一方就肆无忌惮地逼迫，如果这样，战争必然爆发。但实际更为复杂，其中包括种族问题、边境问题。一国对另一国扩张势力，受害国必然反抗，最终必然无法以和平方式解决问题，进而走向战争。总之，"己所不欲，勿施于人"，随心所欲，凭借强者身份推行自己的无理想法，才会导致今天的局面。

文明的意义是什么？在我看来，今日之世界，依然不够文明。日本应该何去何从？我们又该唤起哪些觉悟？是不是不得已要卷入战争的旋涡？除了信奉弱肉强食，就再无其他选择了吗？我认为，一定要坚定立场，和民众一起，己所不欲，勿施于人，奉行东方的道德价值，维护和平，让各国民众生活幸福，至少不要给其他国家增添烦恼，在此基础上，寻求本国的发展之路。如果能够以全体国民的希望为目标，不再唯我独尊，不仅在国内能够实现道德，在全世界范围内也能彰显真正的王道乐土，自然可以避免战祸。

两种人生观

人生在世，没有目的自然无法实现人生价值，那么目的又是什么呢？如何实现呢？对这些问题的看法，就和人的长相一样，因人而异。也许有人会这么想：只要充分施展自己的手腕或者谋略，就能够忠君孝亲、济世救人，但是只想不做是不行的，必须以某种行动表现出来。要依靠平日所学，尽力发挥自己的学问、技术。学者要尽学者的本分，宗教家要履行宗教家的职责，政治家要明确自己的责任，军人要完成自己的任务，各司其职。这时，每个人的心态，与其说是为了自己，不如说是为了国家和社会。我将之称为"社会为主、个人为辅"的客观人生观。

反之，有的人只考虑自己，不考虑社会或者他人，但这种人的想法也不是不能理解。为了自己而活，为什么要为了他人或者社会而牺牲自己呢？他们以个人得失为重，对社会事件漠不关心。自己借的钱自己还，这是天经地义，缴税是上缴给自己国家的费用，这也是必然的。除此之外，他们认为没有义务为了救济他人或者为了公共事业捐款。这是为公，而非为己。"以己为主，社会为辅"，满足自己的本能，坚持自己的主张，我称之为"主观人生观"。

接下来，我将基于事实比较客观人生观和主观人生观这两种人生观。如果后者成为主流，国家、社会就会变得粗鄙，变得人心冷漠，走向衰落。相反，如果前者成为主流，必然会成为理想社会。所以我提倡客观人生观，反对主观人生观。子曰："夫仁者，己欲立而立人，己欲达而达人。"不管是社会还是个人，都要如此，这句话听起来像是在交易，要实现自己的欲望，首先要忍耐，优先他人，但孔子的真实意愿绝非如此卑微，而是教导人们先成人之美，再实现自己的愿望，这是君子行事的顺序，是孔子的人生哲学，我认为人生的意义正是在于此。

义利合一

我认为仁义道德、生产盈利应该统一，四十年来一直倡导、实践这个课题。道理如此，但是总会出现与之相反的事例，令我无可奈何。

和平协会的保罗先生、井上博士、盐泽博士、中岛力藏博士和菊地大麓男爵都认可我的看法，他们觉得即使不是完全统一，也有必要在一定程度上统一。世上的事，有时会偏离正轨，但也只是错在这件事，真理不会因此蒙尘。

有人会说"过去是这样的……有这样的理论……"来反对我的观点，但事实就是，如果仁义道德和物质利益无法统一，就无法创造真正的财富。如果这种观点能够普及开来，缺乏道德的行为自然会销声匿迹。比如，负责给皇室采购物品的人如果认识到受贿违反仁义道德，就不会这么做，而商人如果能意识到这一点，也就不会行贿。

进一步言之，无论政治、法律还是军事，都必须遵从仁义道德。如果一方遵从道德标准，买卖正当，那么另一方想贿赂也做不到，正所谓一个巴掌拍不响。如果双方都不遵守仁义道德，那么必然会发生可怕的后果。如果全社会能够推行一切向仁义道德看齐的观点，也就不会出现贿赂这种见不得人的事了。

日日新

社会日新月异，学问也是如此。日子久了，一切事物难免滋生弊端，优点变缺点，利变害，积重难返，活力全失。

商汤时期的铭文写着"苟日新，日日新，又日新"。日日新、又日新，十分有趣。如果所有事情流于形式，内心就会变得苍白匮乏。无论什么东西都要日常更新，心中必须有这种认识。

如今的政界一潭死水，因为流于繁文缛节。官吏只重视表面形式，不会深入了解事情的真相，满足于机械地处理自己的工作。不只是官吏，民间的企业员工、银行的工作人员也是如此，流于形式，缺少新兴国家的蓬勃朝气，而落后古国多会流于形式主义，幕府灭亡的原因正在于此。正所谓"灭六国者，六国也，非秦也"，灭亡幕府的，正是幕府自己。风再怎么大，也吹不倒根系强壮的树木。

我不信仰宗教，但并不意味着我没有信仰，我把儒家的言行标准作为自己的准则。"获罪于天，无所祷也。"这对于我个人来说可行，但是一般民众恐怕不行。

我认为，要建设良好的教育设施。如今迷信成风，有许多人因为迷信倾家荡产，宗教界人士如果不努力做出改变，情形只会更加恶化。

有些人把自身利益当作经商的目的，只要自己受益，怎么都可以，完全不考虑他人，他们不会把营利和道德统一，这是不对的。不能让这种陈腐的思维在当下社会大行其道。明治维新之前，上层人士，即所谓的士大夫阶层和经商营利并无瓜葛，他们认为逐利是人格低下的表现，后来，这种风气有所改观，但时至今日依旧余波未平。

孟子认为，经商营利和仁义道德是一致的，但是后来的学者将这两件事情剥离开来，认为守仁义就要远富贵，得富贵就要轻仁义。称呼商人为奸商，鄙视商人，认为商人不配与士人共同生活在社会上。商人也卑躬屈膝，一心只想着赚钱。因此成百上千年来，经济发展迟缓。虽然这种风气逐渐消失，但还是不够彻底，我将继续以算盘和《论语》为指导，把利益和仁义结合起来。

巫师的失败

在我十五岁的时候，我的一个姐姐精神失常，二十岁的芳华年纪却没有女性的文雅温柔，言谈举止粗鄙不已。父母和我都十分担忧，但是姐姐是女儿身，不方便由其他成年男性照顾，于是照顾她的责任就落在了我的身上。我每天跟在她的后面照顾她，虽然被人指指点点，但是出于对姐姐的关心，我还是认真地看护她，后来邻居也开始夸赞我。

不止至亲担忧姐姐，其他亲戚也都十分担心她，特别是父亲本家宗助的母亲（我的伯母）。她是一个十分迷信的人，她认为发生这样的事是因为家中有鬼作祟，多次劝我们要作法祈祷才好。但是父亲十分讨厌迷信，他带着姐姐去上野的室田疗养院疗养。室田地区有著名的瀑布，据说让病人接受瀑布的冲洗可以康复。而就在父亲不在家时，宗助的母亲说服了我的母亲，请了巫师来驱鬼。和父亲一样，我在少年时就十分讨厌封建迷信这一套，虽然当时极力反对，但毕竟只是一个十五岁的孩子，伯母狠狠地训斥了我。于是两三个巫师来到家中为作法准备。

我从一开始就反对，于是在整个过程中都留心，想看出破绽。后来，巫师的骗术被我识破了。从那之后，宗助的母亲和村里的人不再让那些巫师进村了。我也有了破除封建迷信的信念。

真正的文明

文明与野蛮相对。什么是野蛮，什么是文明，说清两者的界限十分复杂，两者是相对的。相对进步看低级文明必然是野蛮的，野蛮比起更野蛮的就能称作文明了。

今天我们讨论这个问题，不能谈论空洞的理论，而要用事实说话。只谈一个村子、一座城市的话，即使文明程度不同，意义也不大，所以谈论文明、野蛮首先以国家为单位比较合适。虽然我没有对各国历史现状做详细的调查，无法分析得十分详细，但可以肯定的是，英国、法国、德国、美国是文明国家。那么它们文明在哪里呢？健全的国家体制、完善的制度、基础设施、法律和教育这些方面都必不可少。但是即使具备了上述条件也未必称得上文明国家。在设施完善之上，还必须有保持国家正常运转的实力。所谓实力，不只有军事实力，还要有警察制度、地方自治团体。在具备这些条件的基础上，还要权衡、协调、联系各种力量，平衡、统一，才称得上文明。换言之，无论一个国家的设施多么完善，如果管理者缺乏与之相应的智慧和能力，那么也称不上文明国家。

一个国家各种条件、要素齐全，但管理者不够资格，这样的情况其实不多。有时候，表面上看起来没有问题，但是本质上基础不牢，即所谓的优孟衣冠，外表和本质并不相符。因此，真正的文明是指各种制度完备，而且国民也具有相应的道德和文化水平。这样说来，贫富将不成问题，文明，包含着财富的意味。然而，形式和实力有时未必一致。形式上看似文明，实力贫弱，并不均衡的情况也是存在的。真正的文明，必须兼有实力和财富。

一个国家总有停滞不前的时候，回顾历史，许多国家都是先发展文化，再发展实力。有些国家先发展军事实力，经济发展相对滞后，如今的日本正是如此。日本国家体制建设已经走在世界前列，特别是明治维新之后，优秀的大臣们大力推动基础设施建设，但是财富积累并不理想。财富的根本——实业的发展时间较短，不能满足社会需要。与完备的国体和制度相比，日本相当缺乏财富。如果举全国之力创造财富，国家虽小，方法却有许多，必须先学会运用财富。为了彰显国家实力而消耗财富，实在令人忧虑。

要想成为一个文明国家不能只靠积累财富。要彰显文明，有时候也要牺牲一部分财富。换言之，要保住国家的体面，谋求长远发展，必须扩张陆、海军的实力。内政外交，必须有各种支出，治理国家免不了花销。但是过于偏重某一方面，必然会变成虚假的文明，各种制度形同虚设，不久后文明就会化作野蛮。

由此看来，要实现真正的文明，必须权衡财富与实力。日本如今最令人担心的地方就是为了彰显实力不惜耗费财富根基。我认为，要保持国家平衡发展，就必须上下一心，文武协调。

发展的第一要素

吸收新事物、改造旧事物，不断追求进步，这是明治时代的特点。当然，不能当时取得足够进步，但是对于长期闭关锁国、没有接触西方文明的国家来说，在短短的四五十年间，取彼之长，补己之短，取得不逊色于欧美的成果，已经是很大的进步了。这要归功于君主圣明、臣民奋斗。

有些人认为，进入大正年间，艰苦创业的时代已经过去，可以巩固已有成果了，实际上，我们不能满足于已有的成就。日本面积小、人口多且在不断增长。我们不能裹足不前，在稳定内政的同时，也要考虑对外发展。耕地面积虽小，可以改进种植方法，提高土地利用率。改良种子幼苗，优化耕作方式，运用氮肥、磷肥等优质肥料，让一块原来打五袋粮食的上等田可以打出七袋，下等田也可以产量翻倍。一直以来难以培育的旱稻，通过施用人造化肥，也可以一亩地打出五袋甚至七袋粮食。在北海道或者其他新领地投入人力资金，尽力去开创力所能及的事业。但客观事实是国土毕竟有限，所以日本片刻不能怠慢对外发展的步伐。

去海外发展，首先要选择可以获得利益的地方。气候、风土适宜，对外来者宽容，适宜发展农业、商业的地方是首选。我最关心的还是日美之间的关系，如今两国对立，实在令人遗憾，虽然是对方傲慢、不讲道理造成的，但是事情发展到如今的地步，日本也有需要反省的地方。这些问题目前由国家层面进行交涉，在此也不便多谈，但是我希望日本人无论身在何处，都要有勇气、能忍耐，从而开辟日本的开放之路，同时也要牢记，在谋求发展的同时不能被其他民族所厌恶，这是发展的第一要素。

正本清源乃当务之急

动荡的时代过去后，日本迎来了明治维新。统治者和被统治者之间的界限被打破，商人也从弹丸之地走向世界。日本国内的商业活动也发生了巨大的改变：过去，主要商品的运输、存储由官府管理，如今由个人负责。对于商人来说完全是一片新天地。商人有必要接受相应的教育。商业也好，工业也好，从业者都要具备一定的地理、历史、商业知识。真正的实业教育教给商人知识的结晶，但是一直以来的实业教育中缺少道德教育，没有把道德教育当回事，所以出现了不少只想发财的人，有人侥幸赚得盆满钵满，让人眼红，都想效仿。渐渐地，富人越来越富，穷人想着变富，仁义道德就仿佛是旧世界的遗物，无人问津。人们甚至不知仁义道德为何物，只想着用智慧学识追求个人财富，腐败、浑浊、堕落、混乱见怪不怪。到了必须正本清源的时候了。

那么该如何做呢？忘记追求利益的正当方法，最终会变成一心逐利、道德败坏的浑蛋，但是，如果过于憎恶这种行为，就会堵住生产营利的根本，并不可取。这就好比厌恶男女之事，阻断人之常情是极其不合理的，也极其难以落实。整治实业界的腐败堕落也是如此，要注意措施适当，否则会适得其反，伤及国家发展的元气，减损国家财富。可以说，正本清源是一件十分复杂的工作。

在过去，统治者重视所谓的道义，对从事生产、创造财富的人加以限制，缩小其活动范围，或许统治者真的实现了自己的目的，但同时也阻止了国家财富的增长。因此，为了能清清白白地赚钱致富，必须贯彻一个准则，那就是我常说的仁义道德。仁义道德和生产营利决不矛盾，明白了这个道理，我们就要好好研究如何不失仁义道德。假如可以依照仁义道德行事，那么就不会腐败堕落，于国于己都可以正当地积累财富。至于涉及生活、生意与事业的具体办法，我就不一一说明了，其根本是牢记道德和利益要一致，不能做损人利己之事，各司其职、各尽其能，营利而不违背公理，追求发展但不损害他人，这样才能不断地积累神圣的财富。每个人、每个行业都能做到这点，才能够正本清源。

第六章

人格与修养

乐翁公①的幼年

乐翁公的传奇已经广为世人所知了，在此我便不加赘述了。《拨云笔录》是乐翁公本人亲笔撰写的，这本书在松平家世代相传。我想根据他的这本书，浅聊一下他幼年时的生活轨迹，再聊聊究竟是什么造就了他非凡的人格和精神。据他所述：

"我六岁那年罹患大病，估计自己命不久矣。经过高岛朔庵法眼等名医的精心治疗之后，到九月份，我竟然奇迹般地痊愈了。大概是七岁的时候吧，我开始诵读《孝经》，学习日文的假名。到了八九岁，几乎人人都夸赞我又聪明又有才，我竟信以为真了。现在想来可真是羞愧。"

他听多了那些夸他又聪明又有才的恭维话，还真以为自己有那么聪明伶俐，这种自命不凡，让他不由得感到羞愧。他说起这些的时候满怀怀旧之情，他的这份自知之明倒显得有些可爱。

接着他又说道："再后来，我开始研读《大学》。不管老师怎么教，我就是记不住。其实，我天资平平，记忆力也一般。正是因为我曾经把别人夸我聪明有才华的恭维当真，我才知道小的时候老是被夸

---

① 即松平定信（1758—1829），江户后半期的幕府"老中"，隐居后号乐翁。"老中"是江户幕府的职务制中拥有最高地位和资格的执政官。

奖其实并非好事。发现这一点的时候，我也就九岁左右吧。我雄心勃勃地立志，十多岁的时候就想成为日本响当当的大人物。抱负太过宏伟，有时候也是愚蠢的表现。"

从这里我们可以看出，他十几岁就想名扬四海，这可是远非凡人所想之事啊！而且，他本人虽然立下了鸿鹄之志，却谦逊地把这看成自大愚蠢的表现。

"从那时候开始，我时常应邀为别人题字。自从我知道了那些找我题字的人大多是有求于我，才奉承我的，我就不再有求必应地题字了。"

我和乐翁公一样，时常会有人前来向我讨字，这或许就是类似于乐翁公所说的事吧？

"我十二岁那年喜欢上了写作，并且我还收集了很多通俗类的书籍看。我还尝试模仿《大学》的注解，写一本为人处世的书。不过，本来我就笨，连古老、晦涩的儒学经典《大学》都记不住，加上通俗的书都是胡说八道，荒谬至极，后来我就没再坚持做了。"

乐翁公小小年纪，便开始著书立说，传道诲人。可他发现自己无法充分理解古早、专业的儒学经典，要是一味参考通俗易懂的书籍，必将误导读者。思虑再三后，他便放弃了创作的想法。

"现在想想，真庆幸自己当初学习的都是类似于真西山的《〈大学〉衍义》①那样的经典，才不至于被虚假不实的书误导了。也就是从那时候起，我开始尝试写和歌。因为文采不怎么样，又记不住古典和歌，也没有大师指点，所以我胡编乱造，写了很多拙劣的诗歌。去铃鹿山赏花的时候，我看着山花烂漫、游客络绎不绝的情景，于是，我诗兴大发，作了一首和歌：'铃鹿山，旅宿尚远，难以割舍，花树下。'这就是我十一岁时写的和歌作品。

才十一岁就能写出如此绝妙的和歌作品，真的是相当有文学天赋啊！

"十二岁那年，我写了一本叫《自教鉴》的书。我请大塚老师帮忙斧正，他说这是我写得最好的一个作品。我现在都还保留着。虽然写的是明和七年（1770），其实明和五年（1768）左右就已经开始编辑了。我把书给父亲看后，父亲大喜，送了我一本《史记》。我现在还珍藏着这份礼物呢！虽然十一二岁我就能写汉诗了，但是平仄押韵都不符合格律，实在是拿不出手。"

他雨后写的诗：

虹晴清夕气，雨歇散秋阴。

① 《〈大学〉衍义》是南宋理学家真德秀的著作。真德秀，南宋后期理学家、名臣，号西山，世人称其为"西山先生"。

流水琴事响，远山黛色深。

七夕咏诗：

七夕云雾散，织女渡银河。

秋风鹊桥上，今梦莫扬波。

"多亏了各位文学大师的修改意见，我才能写出诸如此类的诗歌啊！"

如此看来，乐翁公真是多才多艺，少年时就颇为优秀。他的藏书中还有那本《自教鉴》，我过去还读过这本书呢！这本书讲述的内容大概是告诫自己要修身养性，篇幅不长。乐翁公性格温和，可是他也很厌恶田沼意次①的统治。这书里还写道，他愤慨无比，生怕幕府因此被毁、倒台。如果要推翻恶政，那田沼必须死。因而，乐翁公只身行刺田沼。原来生来温厚纯良、心思缜密的乐翁公也有如此尖锐、偏激的一面啊！这本书还写了他因情绪失控被家臣劝谏的故事。

"明和八年（1771），那年我十四岁。那个时候我是个暴脾气，常为一点小事就火冒三丈，勃然大怒，大发雷霆。身边的人都难以忍

————

① 田沼意次（1719—1788），江户幕府时期的"老中"。

受。大冢孝绰经常劝我，水野为长也经常劝谏我。对于他们指出我的
那些不恰当的言行，我也接受。可脾气一上来，我就控制不了。于
是，我在客厅的壁龛挂上了姜太公钓鱼的画。每次发脾气的时候，我
就对着这张画，克制怒气。一直到十八岁，我才学会管理情绪，控制
自己的暴脾气。这其实都归功于周围人对我的直言不讳、好言相劝。"

从这里我们可以得知，乐翁公虽然是一个天才，但他容易冲动、
易怒，性格上也有极端的一面。难能可贵的是，乐翁公善于自我反
思、修身养性，这才造就了他独特的人格。

何谓人格标准

常言道，人是万物的灵长，既然同为灵长，那么人和人之间本该
没有多大区别。可事实上呢？这世界上的人那么多，每个人都是千差
万别的。在我们交往的人当中，上有王公贵族，下有市井百姓，差异
非常大。就连一个小山村，一个小乡镇，也有明显的差别。一县一州
的话，就更悬殊了，更别提一个国家了，那简直是云泥之别。

如此看来，如果人有贤愚、尊卑之分，就不容易确定其价值，更
无法选拔出一个"标准的人"作为参考标准。但是，作为万物的灵
长，人有优劣是理所当然的。自古以来，就像"盖棺论定"一样，总

有一个明确的标准。

人们常说"千人一面",虽说这个说法很有道理,可再仔细想想,"千人千面",似乎也没错。评定一个人真正的价值的时候,我们得好好研究一下这两个看法,才能做出合理且合适的结论。不过这真的挺难的。在此之前,我们要先定义一下人是什么、人和动物有什么不同。这要是在以前,人们轻而易举就得出结论了,但是,随着学问研究的进步,现在我们不会如此草率地下定论了。

据说,以前欧洲有一个国王想知道人类天生的语言是什么样的。于是,他做了一个实验。他让人把两个婴儿放在一个封闭的房间"隔离"起来,孩子完全接触不到人,国王也不给孩子提供任何教育,等孩子长大后再让他们出来。结果,这两个孩子一点儿都不会说人类的语言,只会发出像动物一样的嗷嗷叫声。虽然不知道这是否属实,但从这个故事来看,如果没有后天的教育人与动物相差无几,大同小异罢了。

纵然有些人身体健全,有人的基本样子,可也不能称之为人。人与动物的区别在于,只有修德、开智,并且对社会做出了贡献的人,才算得上真正的人。一言以蔽之,只有具备与万物灵长相称的能力,才能称得上人。一个人真正的价值也由此而产生。

放眼古往今来的历史人物,又有多少人活得有价值呢?古代中国的周文王和周武王,推翻了残暴的殷纣王统治,统一了动荡的天下,因大力推行德政而备受赞誉。后世为纪念德高望重的文王和武王，称颂其为圣人。由此可见，文王和武王尽收功名与利禄。

与文王、武王、周公并称为"圣人"的孔子，还有被誉为"四圣"的颜回、曾子、子思、孟子也被赞颂为圣人，他们又如何呢？他们终其一生，只为传道，游说诸国列侯；他们在战国时期，连个小国也没有分封到。在德行、名气方面，他们丝毫不输文王、武王，可在物质财富方面，他们和文王、武王之间简直有天壤之别。

如果我们把财富作为衡量一个人真正价值的标准，那么孔子等人确实比文王、武王低一等。可是，孔子本人有没有觉得自己低人一等呢？文王、武王、周公和孔子都是各得其所，熠熠生辉，度过了自己的一生。如果把富贵作为衡量一个人的价值标准，那么，对于孔子低人一等的评价恐怕是非常不恰当的吧？所以，评价一个人并非易事。我们要看他的所作所为，以及他的所作所为对世道人心有没有影响，才能评价他真正的价值。

日本的历史人物，其实也一样。藤原时平和菅原道真、楠木正成和足利尊氏，从作为人的价值来看，到底孰高孰低呢？我们可以试着来评价一下他们的价值。藤原时平和足利尊氏，在当时都是富贵显赫的成功者。可是在今天看来，藤原时平的名字，只不过是大家赞赏菅原道真为人忠诚的衬托罢了。而菅原道真的名字却是家喻户晓、妇孺皆知。到底该怎样评价一个人真正的价值呢？我们刚刚提到的足利尊氏和楠木正成两人的情况，也是差不多的。世人评价别人的价值高低，肯定会受到个人主观价值观的影响，实际上，人们很难看到其真正的价值所在。所以，评价一个人的价值并不是一件轻而易举的事。

若真要去评价一个人的话，应该把所谓的成败、功绩、富贵放在其次，放在首位的应该是他为社会奉献的精神以及做的贡献，这才是评价这个人真正价值的标准。

容易被误解的气概

人们常说的"气概"究竟是什么？它很难用有形的东西展示出来。要是从汉学的角度来说的话，我认为，它大概就是孟子所说的"浩然之气"。大家常说年轻人朝气蓬勃，有活力，有冲劲，可是，我认为不光年轻人要有气概和冲劲，老年人也要有朝气。其实，男女老少都要有气概。虽然大隈侯爵①只比我大两岁，但他身上有一股不寻常的"气概"。关于浩然之气，孟子曾经说："其为气也，至大至刚，以直养而无害，则塞于天地之间。"（《孟子·公孙丑上》）他提出

① 大隈重信（1838—1922），日本明治和大正时期的政治家，曾担任日本内阁总理大臣，早稻田大学的创立人。

的"至大至刚，以直养"的说法非常有意思。人们经常说，你怎么没什么精神啊，打起精神来之类的。如果说喝得酩酊大醉，大喊大叫的样子是生龙活虎、意气风发的表现，那么沉默不语则被别人认为无精打采、萎靡不振。然而，没有人会赞赏"因大喊大叫而被警察逮捕"这种"气概"。与人发生争执，明知自己有错，还强词夺理，这种行为也能称为"意气风发"的话，那更是大错特错。这些都误解了"气概"的本义。另外，清高也是"气概"的一种表现。福泽先生经常提倡独立自尊，他所说的"自尊"，我们可以理解为在某些场合有气概。一方面，独立具有非常重要的作用；另一方面，自尊却容易被误解成倨傲，或者不知天高地厚，甚至被认为德行欠缺。比如，有人认为自己有自尊，在狭窄的小道上，看到迎面疾驰而来的汽车也不避开，最终酿成惨剧，这种"自尊"并不是有气概的表现。换句话说，孟子所说的"至大至刚"的浩然之气，需要以刚正之心和至诚之心蓄养，日积月累，才能铸就成"正气"，贯穿人的一生。这不是一时借酒劲、耍酒疯就能表现出来的"气概"，也不是昨天还生龙活虎，今天就疲惫不堪的那种。人们应该以"刚正不阿的精神"培养浩然正气。如果对自身的浩然之气加以保护和培养，那么这股浩然正气才能"则塞于天地之间"。

如果年轻人一直蓄养这种"气概"的话，外界绝不会认为他们是软弱、萎靡、优柔寡断的一代。现在的年轻人再这样下去，也许在不久的将来，整个民族都会丧失刚正之气。我觉得这一代年轻人责任重大，理应承担起这个重任，修身养性，养精蓄锐才行。我记得程伊川①曾经说过一句话，大致意思是"哲人见机诚之思，志士厉行致之为"。文字或许有些许出入，但是我非常赞同这句话所蕴含的哲学思想。明治时代的前辈们，正是践行"哲人见机诚之思"的人，而大正时代的年轻人要致力于成为"志士厉行致之为"的人。现在正是到了完成这一历史使命的时代，肩负重任的年轻人要时刻保持旺盛的精力，为这个盛世发一分光，传一分热。

二宫尊德②和西乡隆盛③

明治五年（1872），井上侯担任总指挥，负责采购事宜。陆奥宗光、芳川显正和我一起远渡英国筹集公债，设立了洋行。明治四年（1871）正是百废待兴的时候，吉田清成正在一门心思想办法对财政政策进行改革。有天傍晚，西乡公（西乡隆盛）突然造访我在神田猿

① 程伊川，即程颐（1033—1107），北宋著名理学家。

② 二宫尊德（1787—1856），江户时代的农业家、思想家。

③ 西乡隆盛（1828—1877），江户末期武士，明治时期的著名政治家。

乐町的家。那个时候的西乡公已经是政府参议员、朝堂高官了，可他却屈尊访问我这个官职低微的大藏大臣，说实在的，一般人可能做不到这一点。受宠若惊之余，我倍感惶恐。原来他是为了相马藩①的《兴国安民法》而来。

说起《兴国安民法》，这是二宫尊德受相马藩之聘所拟定的法案。这部法案涉及财政、产业等诸多方面，成为相马藩繁荣昌盛的奠基石。但是，我们在井上侯的领导下推行财政改革时，商议的是是否废除二宫先生遗留下来的《兴国安民法》。

相马藩的人听闻此事，认为这是一件事关整个藩发展的大事。于是，他们特意派了富田久助和志贺直道两人上京，参见了西乡参议。他们恳请西乡在财政改革的时候出面，无论如何都要保留《兴国安民法》。西乡公同意了他们的请求，可大久保先生、大隈先生没有同意。接着，西乡公想到，井上侯肯定是不会同意的，即使上门也肯定白跑一趟。于是，他就想到我了。他认为，如果说服了我，那么《兴国安民法》就有可能不会被废止。他本人非常重视对富田、志贺所做的承诺，为此，他不惜纡尊降贵，造访我这个微不足道的小官的茅舍。

西乡公把情况跟我简单说了一下，并表示废除这样一部难能可

① 相马藩现位于日本东北部地区福岛县。

贵的法案，实在太可惜，希望我为了相马藩尽己之力，帮忙出面斡旋，让这个法案继续施行下去。我就问西乡公："如果您认为不应该废止这个法案，那么，您知道二宫先生的《兴国安民法》的具体内容吗？"他如实以告，说自己对这个法案一无所知。我说："您对这个法案一无所知，就劝我不要废止它，这真是令人费解。既然如此，我还是先为您简单说明一下吧！"由于我之前对《兴国安民法》进行过充分的调查，因此，我就详细地给西乡公解说了一番。

当年，二宫先生受聘于相马藩，新官上任三把火。他做的第一件事就是对藩内过去一百八十年间的年财政收入做了详细的统计，把一百八十年三等分，六十年为一个基准，分成了天、地、人三个单位。接着，他又以年收入数额在中间的"地"为基准，算出了这六十年的平均年收入，并且把这个数据作为这个藩的一年平均收入的标准。然后，他再把这一百八十年分成乾、坤两个部分，九十年为一个单位，把收入少的"坤"这九十年的平均年收入作为藩内的年支出数额，藩内的一切费用开支都控制在这个数额内。如果当年的收入超过了"坤"的平均数，那就是增收；如果还有多余的财政收入，就用于次年开垦荒地，开荒所得的新田地就归开荒者所有。这就是相马藩的《兴国安民法》的内容。

西乡公听了我对二宫的《兴国安民法》的详细说明，说道："听你这么一说，这部法律倒也符合量入为出的原则，没有废除的道理

啊，不废除不是更好？"我心想：现在不正是我发表自己主张的财政
意见的好时机吗？于是，我连忙和他说道："您这点讲得非常对，继
续沿用二宫先生的《兴国安民法》的话，相马藩不仅能维持现有的发
展，将来也一定会越来越昌盛。但是，与之相比，我认为当务之急，
更应该操心的不是这个。相马藩的《兴国安民法》确实很重要，也应
该继续施行。可您身为参议员，双肩担负的是管理国家的重任，而不
是为了相马藩一个地方奔走。如果您一心只考虑为相马藩保留这部法
律，却不考虑在全国推行《兴国安民法》这部明智的政策，这真的是
本末倒置了。"西乡公沉默不语，转身离开了。总之，在明治初年的
时候，英雄豪杰辈出。不管人们知不知道，我觉得像西乡公那样没有
架子、毫无虚饰的人实在是令人敬佩不已。

修养不是理论

究竟做到什么程度才算得上有修养？我想，答案是永无止境的。
不过，切忌因此而唱高调，空谈理论。修养不是理论，不可空有理
论，而不付诸实践。修养要求知行合一，理论结合实际。

关于实际与理论的结合，在此我觉得有必要做一个清楚的说明。
总结来说，理论与实际、学问和事业是相辅相成的。如果这些不能同

时得以发展，那么一个国家真正的繁荣昌盛也无从谈起。不管哪一个方面发展得有多好，两者要是不能紧密地结合，那么这个国家不可能屹立于世界强国之列。既不能一味满足于既成事实，也不能唯理论是从。只有两者相辅相成，紧密结合，国家才能文明富强，个人才能臻于完美。

像这种例子不胜枚举。就汉学来说，孔孟之道在中国历来备受推崇，被称为经学或实学。它和文人墨客所作的诗词歌赋完全是两码事。对儒学钻研最深，并将其发扬光大的是宋朝末年的朱子。朱子是一个博学多识的人，且致力于提倡儒学，遗憾的是，他生不逢时，当时政治衰颓，兵力微弱，实学百无一用，丝毫没有用武之地。也就是说，尽管学问的发展已经到了登峰造极的地步，可是，在政局动荡不安的时代，学问却和现实完全隔绝了。总之，尽管宋代的经学研究已经达到一个新的高度，却没有真正结合实际，付诸实践。

然而，日本却将中国的儒学学以致用，宋代盛行的空谈死学在日本却发挥了它在实学方面的巨大作用。德川家康就是当时擅长运用这套经学的人。元龟、天正时期，日本尚处战国时代，当时的日本四方割据，史称二十八天下，兵荒马乱，内乱不断，各方诸侯只热心于扩充军事力量。当时，只有德川家康高瞻远瞩。他认识到，单靠武力不可能达到治国平天下的目的，还需要大力推行文化事业。于是，他采用中国那一套朱子儒学，并聘请藤原惺窝①、林罗山②等人，让他们研究如何把学问结合当时的实际，运用到实际中去，即理论联系实际，理论为实际服务。家康的遗训中，有一段话脍炙人口："人生就好比负重行远道，万不可操之过急。视不自由为常态，则不觉不足。心生欲望时，应思穷困潦倒之时；忍耐为长久之基，视怒为大敌。只知胜而不知负，必害其身。责人不如责己。不及胜于过之。"这些话大部分出自经学典故，不少是根据《论语》中的警句改写而成。他之所以能够平息战乱，一统天下人心，维持日本三百年的和平，其原因便在于他能够做到活学活用，不生搬硬套，理论联系实际，付诸实践。家康时期推崇儒学，理论结合实际，可到了元禄、亨保年间，各家学派发展起来，不切实际的风气又起来了。虽然大名鼎鼎的儒学家不少，但是能够做到理论联系实际的人却寥寥无几，只有熊泽蕃山、野中兼山、新井白石和贝原益轩区区几人罢了。到了德川末年，整个国家一蹶不振。我认为其原因是这些空论没有结合实际。

以上所说的事例，即便在今天看来，我们也会发现，这是理论与

---

① 藤原惺窝（1561—1619），名肃，字敛夫，号惺窝，生于播磨国（今日本兵库县）。日本哲学家，日本江户早期理学领袖，曾任德川家康的教师。

② 即林道春。日本江户初期的儒家，幕府儒官林家的始祖。名信胜，法号道春，又称罗浮子。京都人，曾入建仁寺为僧。他有志于研究朱子学，拜藤原惺窝为师。庆长十年（1605年）侍奉德川家康，历任四代将军的侍讲。

实际二者没有结合导致事物由盛转衰的例证。这是不言而喻的。大家看看当今世界的二、三流国家就一清二楚了。不过，即使在一流国家中，也有逐渐失去二者平衡的。

再回过头来看看日本，至今也很难说，它已经达到了二者的充分平衡。不单如此，两者的相离倾向还越来越明显了。一想到这点，我不禁为国家的未来感到无比担忧。

因此，我由衷地希望那些想要立志修养的人，记住前车之鉴，不可走旁门左道，一定要恪守中庸之道，常保操守，积极向前。换句话说，砥砺风节，提高精神修养，就是为了勤奋刻苦地追求德、智共同发展。提高精神境界的同时，千万不要忘记在学识方面也要做到精益求精。要知道，修养绝非仅仅为了个人，更是为了一乡一村，为了一个国家的繁荣昌盛。

意志磨炼贵在平时

总的来说，人生在世，十有八九不如意。事物并非只有其外在形状，更有其内在精神。比如说，下定决心做的事，却因突发变动，或者经别人劝说后，改变心意，这些虽然本身不是恶意的诱惑，但都体现了内心的转变，也就是内心意志薄弱的体现。自己好不容易下定决心，却被别人的三言两语改变了心意，显然，这是最初的意志不够坚强的表现。总之，平时就要留心磨炼意志。大家平时就应该时刻牢记"要这样，必须那样"的规定。一旦决定做某件事情，只要有坚定的信念，不管别人说什么，都不会被别人的花言巧语牵着鼻子走。因此，在问题出现以前，平时就要用心磨炼好坚强的意志，接触人和事的时候，循序渐进才是王道。

然而，人心易变。平时坚定地认为"应该这样""必须这么做"的人，也可能不知不觉被自己的本能诱惑，动摇心意，做出背离本意的事。这是精神修养有所欠缺，意志力锻炼不够的表现。那些意志力经过千锤百炼的人，也难免会动摇，更何况那些缺乏社会历练、涉世未深的年轻人呢？因此，年轻人更要提高警惕，当自己坚持的主张、原则与现实变化发生冲突的时候，更要深思熟虑，不要仓促做决定。若能以慎重的态度反复思量，必然能够睁开慧眼，拒绝外界诱惑，最终回归本心，做出正确的选择。怠于自省和思考是磨炼意志的大敌。大家千万不能忘记这一点。

以上就是我对于磨炼意志方面的想法，也是我自身的感悟。在此，我再和大家分享一个我本人的例子。自明治六年（1873）辞官以来，我就觉得工商业方面的工作就是我的天职。我下定了决心，无论发生什么，我都不再从政。不过，政界和实业，本来就存在盘根错节的关系，只有通晓事理、识时达务的人才能在其中游刃有余，自得其乐。我自认为是一个平庸之人，怕一步走错，最后落得个一败涂地的下场。因此，有自知之明的我在一开始就断了对政界的念头，一门心思投入实业中。纵然，我当时毅然决然做了这个决定，可内心对自己的这个规划设计，还有些许犹豫。身边也有朋友劝我慎重，我都一一回绝了。于是，我义无反顾地投入实业。尽管我最初的决定如此雄壮、决然，但是实际并非一帆风顺。理想是丰满的，现实却是骨感的。我常常感慨，过去的这四十余年里，我曾多次动摇过，也时刻提醒自己，一直坚持了下来，才有了今天的成绩。现在回过头来看，其间经历的磨难和大起大落，比我当初下决心时预想的多得多。

如果我当初意志薄弱、不坚定，遇到这么多的变动、诱惑，稍有差池一步踏错，今时今日可能就造成了难以挽回的局面。譬如，在过去四十多年里，即使是一个小变动，应该往东时，可我偏偏往西的话，暂且不论事情大小，也许我的初心就因此而受挫，甚至放弃。即使这么一件小事，也可能导致事情往错误的方向发展，最终影响了自己的初心，由此产生一系列的连锁反应，今后的每一步行动可能都会受其影响，这也是人之常情。久而久之，就容易产生破罐子破摔的心理，最后导致自暴自弃。古语有云，"千里之堤，溃于蚁穴"。东摇西摆，半途而废，甚至走回头路的话，也许会导致一生被毁。不过，我庆幸自己每次面对这种情况的时候，都能够深思熟虑，三思而后行。即使心有动摇，也能够做到回归本心，所以，我才能顺利地走到今天啊！回想起自己这四十多年的经历，不禁更加感慨，意志的磨炼确实非常难啊！然而，我从这些经验教训中也学到很多。总结来说，就是不管事情多么细微，都不能掉以轻心。只要有违初心，都应该断然拒之。很多人最初就是因为对小事、琐事不屑一顾，不以为意，才会一步一步走向无法挽回的局面。因此，我们对任何事情都不可掉以轻心，一定要三思而慎行。

东照公①的修养

令人非常吃惊的是，东照公在神道教、佛教、儒教等宗教领域，倾注了非常多的心血，他为此还进行了种种调查研究。他认识到治国理政并非易事。这一点得到了历史学家的好评。我特别佩服他在推行文政方面的贡献。虽然当时在佛教领域有像梵舜这样的人，可这个人并不是一个令人敬佩的优秀学者，东照公对他也不是很器重。因此，之后，他重用南光坊天海，让他负责主持这方面的工作。在儒教方面，他先聘用藤原惺窝，之后聘用儒学大家林道春。而且，他大力

---

① 东照公，德川家康逝世后，被日本朝廷赐封"东照大权现"，成为江户幕府之神，在日本东照宫中供奉，被后人称为"东照神君"。

推崇儒教，以儒教为尊。历史书上曾记载东照公熟读《论语》和《中庸》的事迹，大家也许都还记得里面有一篇文章叫《神君遗训》，是用平假名夹杂写的。我到现在都还记得里面有一句话："人生就好比负重行远道。万不可操之过急。"这句东照公的遗训正是出自《论语》，这就是他熟读《论语》的证据。"士不可以不弘毅，任重而道远。仁以为己任，不亦重乎？死而后已，不亦远乎？"这句话出自《论语·泰伯》。"人生就好比负重行远道"和曾子在《论语·泰伯》中所说的意思如出一辙，其遗训结尾的"不及胜于过之"和孔子所说的"过犹不及"也一样。只不过，东照公在这里强调的是"胜"。关于这方面的评论，我就此打住。总之，大家应该对他的遗训出自《论语》一事都清楚了吧？另外，他在道德方面也做了相当多的工作。元龟、天正年间，内乱不断，民不聊生，世人对文学毫无兴趣，连仁义道德是什么都不知道。在那个时候，东照公还为振兴文学煞费苦心。而且，他认为文学的根本在于重视仁义道德。东照公采用重视仁义道德主义的朱子儒学。自此之后，经学衍生了众多学派，仿佛雨后春笋般迅速发展起来。其中，林道春却自始至终以朱子儒学为主。这些都要归功于东照公的用心良苦和过人手腕。我佩服得五体投地。此外，更值得我们注意的是，东照公在佛教方面的建树。他对佛教的教义钻研深刻，曾经皈依三河的大树寺，并和这里的僧侣结下了深厚的友谊。但是大树寺属于净土宗。之后，他任用了一位芝赠上寺的住持。

转移到骏河之后，他又任用了金地院的崇传、承兑等名僧。再后来，他任用了开辟东睿山的南光坊天海，此人被称为"慈眼大师"。这位天海是僧侣中的英雄人物，说是英雄，可能有些夸张，但确实称得上僧侣中的豪杰。天海精力绝伦，竟然足足活了一百二十六岁，比大隈侯预想的还多活了一岁。东照公皈依了天海大师，经常听大师传教。我也拜读了南光坊天海的传记。关于东照公在骏河的时候，听天海大师讲道说法的次数究竟有多少回，这依旧还是一个谜。根据天海传记的记载，在某一年的九十多天里，东照公听佛法的次数竟然有六七十次之多。即使在江户时代两人也保持着书信来往。

东照公没有把禅事当作空闲之余像能乐、茶事一样地消遣。他只要一有空闲，就去听佛法。在《德川实记》中虽然没有这方面的详细记录，但是很多地方都提到了他向南光坊天海讨教佛法的逸事。

驳修养无用论

关于什么是修养，有人曾经抨击过我。他的观点大致可以分为两点：一，修养有损人的天性中天真烂漫的一面，所以不好；二，修养使人低三下四。因此，我也就这两点，谈谈我的看法。

"修养会阻碍人本性发展"的观点，我认为这个观点错把矫饰当修养。所谓修养，就是修身养德、修身养性。这包含了练习、研究、克己和忍耐的意思，通过努力使人接近于圣人、君子的境界，这并不会矫正人本身的天性。也就是说，一个人如果能做到充分地修身养性，日复一日地完善自己，那么他就能逐渐接近圣人的标准。如果说，为了修养损害了天真烂漫的天性的话，那就相当于否认了圣人君子的存在。为了修养成了伪君子，变得奴颜媚骨，那这种修养本身就是错误的，而不是我们常说的"真正的修养"。对于"人的本性是天真烂漫的"这一观点，我是最赞成不过的了。然而，人有七情六欲（"七情"即喜、怒、哀、乐、爱、恶、欲），七情六欲也分场合，即便是圣人、君子也要自我克制。因此，我可以肯定地说，修养使人低三下四、有损天性的看法纯属谬论。

修养使人卑微的说法，我认为这是源自无视礼节、谦逊的说辞。孝悌忠信、仁义道德都是从日常生活的修养而获得，绝不是靠愚昧忍耐就能达到的境界。《大学》里所说的"格物致知"，王阳明所提倡的"致良知"都是说的修养。修养不是泥土捏成的玩偶，一碰就碎。相反，修养能提升自己的良知，发扬自己的闪光点。修养越高，人们在待人接物的时候，就越能够更好地明辨是非；面临取舍时，越能够做到毫不犹豫，仿佛如流水般自然。所以，修养使人软弱无能的说法，简直是巨大无比的误解。说到底，修养是人们增加智慧时必不可少的东西。当然，这不是说重视修养就是轻视知识。只不过，今天的教育过度重视知识的习得，而忽略了精神方面的磨炼。所以，为了弥补这点不足，我认为当今的教育需要重视修养。"修养与修学，水火不容"的观点简直大错特错。

总之，修养具有广泛的意义，对精神的历练、知识的精进、身体的锻炼，都具有积极向上的正面意义。不管你是年轻人也好，老年人也罢，只要能做到坚持不懈地修身养性，终有一天可以达到圣人的境界。

以上就是我对修养无用论的反驳。我由衷地希望广大青年朋友们能够修身养性，成为一个有修养的人。

权威的人格养成法

对于现代青年来说，最切实、最有必要的是提高人格修养。明治维新以前，整个社会对道德教育还是比较重视的。随着西方文化的传入，思想界也发生了巨大的变革，从而导致现在道德标准混乱。具体来说，年轻人把儒教视为封建陈旧的东西，无法充分地消化儒教的思想精华，与此同时，基督教也尚未成为一般的道德教义，明治时代的新道德规范也还没有确立，整个思想界尚处于一个动荡期，国民精神无处寄托，苦于无法判断正确的价值观。整个社会对年轻人忽略了人格的培养，这种现象实在是令人担忧。世界各大强国都有自己信奉的宗教，并树立了道德规范。唯独日本还处于道德混乱的局面。作为一个大国的国民，我真的感到无比羞愧啊！

看看当下的社会现象，越来越多的人变成了极端的精致利己主义者，为了利益，不管不顾，什么都愿意做。"国家富强可不如个人富裕来得重要"的想法已经逐渐成为现今社会的主流。这里并不是说一个人身处"箪食瓢饮，在陋巷"的境地，还要求他"也不改其乐"。孔子所说的"贤哉，回也"看似在夸赞颜回乐于清贫生活，其实是在反证"不义而富且贵，于我如浮云"这句话。孔子说这句话的意思决不是贬低富贵，只不过，如果人人只顾自己富裕，无视国家、集体的利益，这就让人感到愤慨了。向"钱"看，成了当今社会的人心所向，其原因就是缺失了人格的修养。如果树立了国民可以皈依的道德规范，人民就会有信仰，社会的道德风气就会变好，人自然而然就会养成良好的人格，那么，唯利是图的社会风气就会得到改善。因此，我奉劝年轻人要好好地提高人格的修养。年轻人纯真、直率，浑身上下都充满了活力，更应该把自己培养成具有"威武不能屈"的高尚人格修养的人，为自己的小家富裕而努力的同时，也要为国家富裕而努力。年轻人处在信仰缺失的社会环境中，这是一件非常危险而严重的事情。所以，年轻人一定要自重。

说到人格的修养，其方法多种多样。有的人在佛教中寻求信仰的力量，有的人从基督教获得信念。我从年轻的时候，就立志坚定地走"儒道"，把孔孟之道作为一生的指导思想。我坚信，重视忠信孝悌，才是最权威的人格养成法。忠信孝悌是成就"仁"的基础，也是为人处世必不可少的条件。把忠信孝悌之道作为最根本的修养，在这基础之上，还必须学习知识，开发智力。如果智力开发得不够充分，那就无法成为一个真正有用的人，进而导致无法真正践行"忠信孝悌"之道。正因为经过充分学习，开发了智力，待人接物才能明辨是非，才能物尽其用，使民众富裕起来。只有这样才能与根本的道德观念保持一致，待人处事上才不会出现任何谬论和失败，才能作为成功人士，圆满地度过这一生。人生的终极目的——成功，究竟是什么，大家对此存在一些争议。为达目的可以不择手段，这是对"成功"的曲解。还有人认为，不管做什么，只要拥有财富和地位，就是取得了成功，我无法认同这样的说法。没有高尚的人格，通过邪门歪道取得财富或者地位，这不是真正意义上的成功。

商业无国界

明治三十六年（1903），旧金山突发的学童事件导致日美关系恶化，两国外交关系出现疏远的倾向。这并非日本方面有意疏远美国，而是有些美国人开始产生厌日情绪，排斥日本人。这次关系恶化，其实是积怨已久所致。明治三十五年（1902），旧金山的金门公园挂着"日本人不得在此游泳"的告示牌，排日风气愈演愈烈。

我向来对美国有一种特别的印象。作为实业界的一员，我一直心系日本整个实业界的命运。我对日美外交关系感到非常不安。所以后来，我就帮忙牵头组织侨居美国旧金山的日本人成立"在美日本人会"，由牛岛谨尔担任会长。他特意派渡道金藏回到日本，请我帮他们争取政府的理解和支持。为了改善美国加利福尼亚州人的厌日情绪，他们在加利福尼亚州计划组织成立在美日本人协会，同时，他们也希望日本国内能够给予大力支持。我当时觉得这个计划合乎时宜，所以，我答应他说我们一定会鼎力支持，提供力所能及的帮助。同时，也希望他们在美国能够同心协力。我向渡道金藏讲述了我对明治三十五年金门公园发生的事件的感想，并且嘱咐他一定要转告会长和会员们，叫他们一定要高度重视，千万不要掉以轻心。那一年是明治四十一年（1908）。

同一年秋天，美国太平洋沿岸的商业会议所的议员们来日本观光旅游。这个活动是东京商业会议所和各地商业会议所联合发起、组织的。我们邀请了太平洋沿岸的商业会议所的成员们组团赴日旅游访问，其目的之一就是缓和日美两国的外交关系，希望借此解开两国之间的误会。参加这次访问活动的有旧金山的F.W.杜鲁门，西雅图的J.D.罗曼，波特兰的O.M.克莱克以及其他重要人物。我在各种交流场合，详细地介绍了日美关系迄今为止的发展历程，和他们进行了深入的交流。我也真心地希望通过大家的努力，能够消除两国之间的误会。

此外，我们也指出，移居美国的日本人由于还没有完全适应欧美的习惯，存在不讲公德、仪表邋遢，或者不能融入当地的生活等问题。如果有这些问题的话，就要努力改正自己的缺点，不要成为被人看不起的人。把这些牢记在心才是最关键的。我认为，由于人种、宗教的不同，而对日本人产生偏见与歧视，对于文明的美国人来说，这也是不好的。然而，如果真的存在诸如此类的现象，那就是美国的偏见，而且这有违美国人人平等的宗旨。美国向世界介绍了我们日本，我们日本也知恩图报。所以，我们日本对美外交政策一直秉持友好原则，努力地改善两国关系。然而，在美国，如果有人抱着种族歧视、宗教差异的偏见心理，歧视日本人，甚至差别对待的话，确实是美国不应该做的事。果真如此的话，那美国就从最初的正义走向了暴戾。当时来访的各位美国人听了我这番话也都非常高兴，纷纷表示赞同。

第七章

算盘与权利

当仁，不让于师

大家动不动就说，《论语》的主张中缺乏权利思想，还有人说，没有权利思想的主张就不能作为现代文明国家的思想体系。这些人的主张可以说是谬论。的确，从表面上来看，《论语》似乎缺乏权利思想。和以基督教为思想精髓的西方思想相比，儒教的《论语》中体现的权利思想肯定比较少。但是，我认为，说出这种话的人一定没有真正理解孔子。

孔子不是靠宗教思想为人处世的，孔子思想主张的形成也和耶稣、释迦牟尼完全不同，而且从孔子当时所处的时代背景来看，当时是权利让位于义务的社会。两千年后的今天，人们却把奉行君臣父子的儒家思想和截然不同的基督教相比，这其实完全没有可比性。因此，这种说法的出发点就错了。这两者存在差异是必然的。可是，儒教中，真的缺乏权利的思想主张吗？关于这点，我想谈谈自己的拙见，希望对大家有所启发。

《论语》的思想宗旨就是律己。《论语》强调人应该这样、应该那样的主张，其实是从反面的角度提倡仁道。如果这种主张能够被大力推广，必然能成为立国之本。在此，让我来大胆地猜测一下孔子的本意。虽然他没有试图通过宗教的方式来教化人民，但也不能说孔子完全没有这方面的教育观念。假如孔子执掌政权的话，他一定会施行仁政，富国安民，推广王道。换言之，孔子从一开始就是一个经世家。作为一个经世家，门人弟子形形色色的问题都抛向了孔子，孔子也一一解答。所谓门人，他们来自各行各业、各个阶层，人际关系错综复杂。因此，他们提出的问题也是五花八门。这些问题有问政的、问忠孝的、问文学和礼乐的。《论语》就是根据孔子及其弟子的问答而编成的语录文集。孔子晚年开始着手整理考证《诗经》，批注《尚书》，编撰《易经》，撰写《春秋》等。就像福地樱痴居士[①]所说的，孔子在六十八岁后之后的五年里，一心传道、做学问。在权利意识淡薄的社会中生活的孔子，不以宗教家身份教化、指引他人，因此，在他的思想主张中，权利思想表现得不明显也是可以理解的。

有人认为，基督教所提倡的"爱"与孔子《论语》中所宣扬的"仁"的思想基本上是一致的，其差别就在于主动与被动。比如说，基督教所说的"爱"是"己所欲，施于人"，而孔子则提倡"己所不欲，勿施于人"。乍一看，孔子只强调义务，而不讲究权利观念，可是，权利与义务是相辅相成、不可分割的。由此看来，两者的最终目的是一样的。

我认为，《论语》中最能体现孔子的权利思想的一句话是"当仁，不让于师"。这句话就是体现孔子权利思想的最好证明。只要道理

① 福地源一郎（1841—1906），日本明治时代政治家、文学家，日本早期的记者之一。

是正确的，对自己的主张就要坚持到底，即使对方是自己尊敬的老师；凡是不合乎"仁"的，必须据理力争，决不能迁就、退让。在这句话中，孔子的权利思想不就跃然纸上了吗？在《论语》中，不止这一句话体现了权利思想。通读《论语》各章，你会发现类似的带有权利思想的表述还有很多。

金门公园的告示牌

我第一次去欧洲旅行的时候还是在幕府时代。庆应三年（1867），我先去了法国，在法国住了一年左右，然后去了欧洲其他国家访问，也多多少少了解那些国家的最新动向。不过可惜的是，当时没能去美国看看。明治三十五年（1902），我终于到了美国。在我还没有踏上这片土地之前，我就对美国心生向往。从十四五岁开始，我就对美国有了一定的了解，尤其是外交方面的情况。那个时候日本和美国的外交关系一直发展得很顺利，也很稳定。所以，一听到"美国"这个词，我觉得这简直悦耳动听极了。

第一次来到日思夜想的美国，所见所闻都令我欣喜、激动不已，我甚至有一种回到故乡的感觉。最先来到旧金山的时候，我对接触到的一切事物都感到新奇。可是，有一件事深深地刺痛了我的心。我在旧金山金门公园的游泳池那边发现了一块告示牌，上面赫然写着"日本人不得在此游泳"。对美国非常有好感的我，内心顿时产生了一种异样的感觉。我就问时任旧金山日本领事上野季三郎先生这是怎么回事。他向我解释道，这是因为移居美国的一些日本青年到那里游泳的时候，经常去调戏在那里游泳的美国妇女，他们甚至还潜到水底拉扯那些妇人的腿。像这样的行为发生过很多次，后来，公园索性就挂上了这样的牌子。当时听到这番解释，我大为震惊，而这是由某些日本青年的恶劣行为造成的后果。就因为类似于这样的小事让日本人受到歧视，真是令人痛心疾首。可是，如果类似于这样的事情不断发生，最终将导致两国外交矛盾激化，甚至导致外交关系恶化。东西方人之间，在种族关系、宗教关系等方面虽然有了长足发展，但是还没有达到水乳交融、和谐共处的地步。如今发生了这样的事情，真是令人担忧。离开美国之前，我恳请领事们对此事重视起来。这是明治三十五年（1902）六月初的事情。之后，我就去了芝加哥、纽约、波士顿、费城，最后到了华盛顿，时任美国总统的罗斯福还召见了我。我还有幸见到了哈里曼、洛克菲勒、谢尔曼等名人。

第一次与罗斯福总统会面时，他对日本军队、美术大加赞赏，还称日本士兵骁勇善战，富有仁爱精神，严守纪律，廉洁奉公。面对他的赞赏，我回答道："我只是一个小小的银行家，不是美术家，也不是军人。我对美术、军事更是一窍不通。虽然，您对我国的军事和美术大加赞赏，但是，我希望下次再见到您的时候，能听到您对日本工商业的赞扬。我虽然不才，但是，我也一直在带领国民为此而努力。"罗斯福解释道："我没有看不起日本工商业的意思，只是日本军事和美术方面的影响比较大。所以，我一碰到日本的能人志士，都忍不住先称赞一番。我绝没有蔑视日本工商业的意思。如果我哪里说得不对，让您误会了的话，还请海涵。"我说："没有没有，对您的赞扬，我深感自豪，也非常感谢您的赞赏。我立志让日本的工商业成为日本的第三个优点。"我们坦诚相待，开诚布公地聊了很多。之后，我去美国其他地方见了各个相关领域的人士，见识到了很多新鲜事物。这一趟美国之旅，真是不虚此行，满载而归。

唯有仁义

有些社会问题、劳动问题，单靠法律的力量是无法解决的。比如，一个家庭内部，父子、兄弟之间，各有各的权利和义务，若大事小事都要依靠法律解决的话，人情自然就会越来越淡薄，甚至亲人之间也会产生诸多隔阂，事事有冲突与矛盾，就更别指望家庭和睦了。我认为富豪与贫民之间也是如此。资本家与工人之间，本来也是由家族关系发展而来的。后来，政府制定了法律，试图通过法律取缔原有的存在形态。可是，其法律实施的结果又如何呢？真的如政府所期待的那般有效吗？劳资双方多年来的合作关系，彼此之间产生了情感纽带，这种感情甚至无法用语言表明。如今，法律明确规定了双方的权利和义务，这必然会导致他们之间产生芥蒂，感情也会疏远。那么，当政者本来好心制定法律，可没有想到事与愿违。我觉得，这方面值得我们进一步深入研究。

在这里，我想试着聊聊我的看法。制定法律固然非常好，可是也不能因为制定了法律，事无巨细，全靠法律裁决。我们应该尽可能地避免这种情况。不管是大富豪，还是百姓，如果都能够以"王道"待人，我认为这将远远胜过百种法律条文、千条规则。换句话说，资本家若是能够以王道对待劳动者，劳动者也会以王道报答资本家。这样一来，他们就能够意识到，企业的发展好坏、利益得失，都和彼此息息相关。从而，他们也就能够相互关心、互相体谅，实现和谐共处。如果双方关系真的能达到如此和谐、圆满，那么权利和义务观念，除了疏远两者感情，几乎就没有什么效果可言了。早些年，我在欧洲游历的时候，曾实地参观了德国的克虏伯钢铁公司①、美国波士顿附近的沃尔瑟姆钟表公司。我发现他们的公司组织架构都是家族式的，他们那儿的工作氛围非常和谐，我不由得感到非常吃惊。这就是我所说

———
① 德国生产军工武器的一家企业。

的"王道"治理企业达到了炉火纯青的境界。在这种状态下，法律条文就是一纸空文。要是真能达到如此高的境界，劳动纠纷之类的问题就不用担心了。

不过，这个问题并没有引起整个社会的广泛关注，大家一心只想强行缩小贫富差距。简而言之，如果认为富人的存在才导致穷人的出现，进而大家都排挤富人的话，那么谈什么实现富国强兵呢？个人富裕就是国家富裕。如果个人不想努力成为富人，那么国家又怎么能富裕起来呢？要使国家富裕，自己就要先富裕起来，正是因为有这样的想法，人才会夜以继日地拼搏奋斗。如果因此而产生了贫富差距，那也是自然形成的，也是人类社会发展过程中的必然现象。话说回来，对于有识之士来说，应该时刻谨记"人与人之间应该尽可能和睦相处，追求两者之间的和谐"，把这当作自然趋势、人类社会的常态，顺其自然，如果置之不理，最终将会造成不堪设想的后果，而这种严重的后果也是自然的结果。因此，我由衷地希望能够大力倡导"王道"，防患于未然。

良性竞争与恶意竞争

身为实业界的一员，在此我想和各位同行，尤其是从事出口贸易的各位朋友聊一下商业道德。有人说，只有做生意才需要道德，其实并不是这样的。道德是人类社会的行为准则，不是单单针对商业家的。商业家有商业家的道德标准，武士有武士的道德标准，政治家也有政治家的道德标准。这个标准不像官员身穿的官服上的臂章，可以用三道杠、四道杠来表示，可以随意更换、区分。所谓道德，也称为人道，是人人都应该遵守的行为准则。儒教里提倡的"孝弟也者，其为仁之本与"（《论语·学而》），意思是人道从最初的对父母的孝悌，逐渐扩大，发展成对社会的仁义、忠恕，我们把这些统称为道德。在这里，我并不是想强调这种广义上的做人的道德，我想强调的是在商业上，特别是出口贸易方面需要特别注意的竞争道德。一直以来，我都特别希望买卖双方能够从道德的角度，建立起牢固的约定关系，或者说是契约关系。促进事物发展必然少不了竞争，有竞争才有进步。说竞争是努力学习的动力，或者竞争是进步之母也不为过呀！不过，竞争分为两种。一种是良性竞争，一种是恶意竞争。具体来说，每天早上争着做第一个起床的人，肯下功夫学习，力求在各个方面出类拔萃，这就是良性竞争。相反的，看到别人取得好成绩，受到好评，就想据为己有，甚至暗地里算计别人，做出侵犯他人的事，这种就是恶意竞争。竞争大体就分为良性竞争和恶意竞争两种。但是，社会上各行各业，五花八门，竞争也可以无限细分。比如某个竞争的性质并不是良性竞争，这个竞争甚至还可能给自己带来利益。可是，多数情况下这会妨碍到他人的利益，当然，最终还有可能让自己也蒙受损失，这个竞争最终不仅关系到自己和竞争对手，还有可能波及国家的利益。换句话说，这会导致我们日本商人被外国人看不起。事情发展到那一步的话，其弊端实在是太大了。我相信大多数人一定不会这么做。如果万一真有这个想法，请大家听我一句劝，这种恶意竞争损人损己，危害极大。尤其是在小商品杂货出口方面，蓄意竞争、恶意竞争严重，即缺乏道德的竞争行为，不仅损人害己，还败坏了国家的商业信誉。我们大家一直致力于提高工商业者的地位，为什么要做出相反之事呢？这不是得不偿失嘛！

然而，该如何经营才好呢？这必须结合事例才能说清楚。我认为，总的来说，就是鼓励良性竞争，避免恶意竞争。避免恶意竞争，就是同行之间互相遵守商业道德，并且不断加强巩固行业道德规范，这样行业和从业人员都不至于陷入恶意竞争，自相残杀。我想，就算没有读过《圣经》，或者背不出《论语》，也一定会明白这个分寸的。何况，道德这个东西本身也不复杂。

所有的道德都应该体现在日常生活中，守约、谦让他人都是道德的体现，又或者给人安心感，遇事能保持一颗正义之心，这些也都是有道德的体现。买东西的时候，也包含有道德。所以说，道德不是束之高阁的东西，道德和我们朝夕相处，生活中随处可见。但是，许多人却把讲道德当作遥不可及的难事，把道德闲置在角落，嘴里却还喊着"从今天起，要做一个有道德的人！""现在是道德时间！"之类的口号。其实，讲道德并不是一件难如登天的事情。

工商业方面的竞争上的道德，就是我在前面反复强调的，要分清良性竞争和恶意竞争。妨碍他人利益、侵犯他人利益的竞争都称为恶意竞争。相反，如果对商品精益求精，不侵犯他人利益的竞争就是良性竞争。也就是说，这两者的界限，人人都可以凭良心分清楚。

总而言之，做一行，精一行。小心谨慎，精益求精，同时也要时刻牢记遵守行业道德，杜绝恶意竞争。

合理的经营

放眼现代实业界，德不配位的现象比比皆是。这些人手握权力，把股东委托的资产当成自己的私人财产，随意挪用，为自己牟利。久而久之，公司就成了一个大魔窟，公私不分，钩心斗角的风气盛行。这真是实业界的悲哀啊！

本来，和国家政治相比，商业注重经营管理，相对来说比较公开透明。当然，银行的某些具有严格保密性的业务除外。比如，客户贷了多少款，用什么抵押贷的款，这些都应该遵守保密协议，履行保密义务。此外，一般商业行为，也应当保持商业正义。物品进价多少，当前以什么价格出售合适，产生多少利润等信息，没有必要特意公开。总之，只要不做不合理、不正当的事，道德层面上就不会被认为不恰当。可是，除此之外，把有的说成没的，把黑的说成白的，这种弄虚作假的行为是绝对不行的。正直、正当的买卖，基本上是不存在什么机密的。

但实际上，从当今社会来看，公司里出现许多本不该有的秘密，甚至暗箱操作的行为比比皆是，这些又是什么原因造成的呢？我可以毫不犹豫地断定，这种现象的出现是"重要的岗位上没有配备德才兼备的人才"所导致的。

因此，如果重要岗位都由胜任者担任的话，这种现象的苗头自然就会被扼杀在摇篮里。可是，要做到把合适的人才安排在合适的岗位，却并非易事。现在依旧还有很多能力平平的人担任要职、身居高位。比如，有些人挂名公司董事、监察等，把列席董事会成员作为消遣的手段，他们担任这些要职纯粹就是虚荣心作祟。他们的这些行为不仅肤浅，还令人鄙视，但是他们本身也没有野心，也不用担心他们会做出罪大恶极的事。还有一些人是"好好先生"，没有什么经营管理能力。这类人一旦身居高位，无法辨别部下的好坏，连账目都看不懂，久而久之，部下的错误越积越多。这类人虽然没有做什么危害他人的坏事，但最终也会陷入无可挽救的困境。他们比前面提到的一类人的罪过稍重了一些，可是，很明显他们都不是因为身在高位有意而为之的。然而，还有一类人，把公司当作自己发达的跳板，或者把公司当成自己谋私利的机构，一心想成为身居高位的人。他们的这种卑劣行径令人难以饶恕。而且，这类人甚至还会使用各种手段牟利。比如，他们声称不提高股价就会对公司不利，凭空捏造明明不存在的利益，甚至虚假分红。他们还做假账，实际上并没有入账的股金，在账面上却显示入账，借此蒙蔽股东，这些做法都是欺诈行为。他们的手法远不止这些，更有甚者，挪用公司公款，做投机、谋私利。这与偷盗有什么两样？这种恶劣现象之所以会发生，归根到底就是因为当事人缺失道德所引发的弊端。如果身担要职的人能够诚心诚意，忠于自己的工作、事业，又怎么会犯这样的错误呢？

我时刻提醒自己，自己负责的经营管理工作不仅要利国利民，还要走正道。不管这个事业的规模多小，自己能获得的利益哪怕很少，只要是国家所需要的，只要是合乎情理的，我也会乐于从事这个工作。因此，我把《论语》当作生意经，一点都不敢有悖孔子之道。就我个人的见解而言，我们不能从事只利于个人利益的工作，应该从事利于集体、全社会的工作。我一直牢记，只有利于集体、社会，个人的事业才能稳步发展，才能获得成功。我记得福泽谕吉曾经说过"著书立说，如果少有人看，其效果也不好。因此，执笔者不应该局限于个人的角度，应该本着利国、利社会的角度写作"。实业界也是这个道理。对社会没有贡献的工作称不上正当的职业。假设某一个工作能让一个人成为大富翁，可整个社会却因此陷入贫困，你怎么看待这个工作呢？我想，这个人就算再有钱，这种幸福也不会长久吧？正因如此，我们必须实现整个国家的共同富裕。

第八章

实业与士道

士魂即实业道

在封建时代，有人认为士魂和商业逐利水火不容，儒学家认为"仁"与"富"不能并列，这些都是谬论。想必现在大家都知道，这两者并不是非此即彼的关系。孔子曰："富与贵，是人之所欲也，不以其道得之，不处也。贫与贱，是人所恶也，不以其道得之，不去也。"这句话完美地诠释了士魂所包含的正义、廉直、侠义等精髓。孔子认为，贤者居于贫贱而不易其道，这就像武士英勇奔赴战场，勇往直前一样。如果不合乎道义，即使获得了荣华富贵，也会感到于心不安，更不会抓着不放。这和古代的武士取之有道的精神如出一辙，如果不是正道获得的财富，他们是一分一厘都不会收下的。圣贤君子和我们普通人一样也爱富贵，不喜贫贱，但是，他们重社会道义，轻富贵贫贱。但是，以前的工商业者却与之相反，把经济实力和社会地位放在首位，把做人的道义、社会道德当作不重要的细枝末节。他们本末倒置的做法造成了后世对"仁"与"富"的误解。

我认为士魂并不是只有儒者、武士才需要遵守的行为准则。我们身为文明国家的工商业者，这些道德标准也应该成为我们的从商之本。西方的工商业者尊重并遵守彼此订下的契约，一旦承诺，即使利益受损，也要坚持履行和兑现承诺，决不食言。牢固的道德之心来自他们正义、廉直的观念。反观我国的工商业者，尚未摆脱陋习，无视道德观念，贪图一时的蝇头小利。日本商人的这个缺点也一直为欧美人所抨击。因此，在商务往来过程中，他们并不信任日本的合作方。这对我们整个国家工商业者来说，无疑是一个巨大的损失。

许多人常常忘本，不走正道，一心想着私心私欲，或者为了个人的荣华富贵，不惜谄媚权贵。这些都是违背人类社会行为准则的，不可能长久。一个人如果想要立足于社会，那么不管他从事什么职业，身处什么地位，只有从一而终，坚守住自己的原则，不违背做人的道义，不断鞭策自己，终身学习，才能活出有价值的生活。

以相爱忠恕之道交往

自古以来，中日两国就是一衣带水的邻邦。两国邦交历史源远流长，两国文化也是同根同源，思想、人文风俗、文化喜好等方面都非常相近，本应该是互利合作的关系，可事实上却并非如此。然而，究竟什么是互利合作呢？无外乎就是互相理解彼此的国情，己所不欲，勿施于人，两国邦交应该秉承相爱忠恕之道，也就是《论语》里说的，以相爱忠恕之道交往。

我认为，商业的真正目的在于互通有无，互利互惠。扩大产业生产的同时，也应该讲究商业道德，如此才能实现真正的商业目的。我素来主张日本对待中国的商业贸易应该满怀忠恕观念，利己的同时也要利他，这样才能实现两国真正意义上的商业目的。当然，谋求本国利益是理所应当的，但是，也要兼顾中国的利益。这样一来，建立两国互惠互利的商业贸易合作关系也就不是什么难事了。

在此之前，我觉得有必要先提一下"开拓事业"。所谓开拓事业，就是开发中国丰富的资源，打开天然的宝库，实现国家富足。在经营方面，我觉得由两国共同出资合办的方法是最好不过的了。不仅如此，我们应该加强更广泛领域的合作，加强中日互惠互利的合作模式，这样一来，中日两国经济合作就会日益密切，实现互促互进、互利共赢发展。与我有关的中日实业公司就是源于此构想，期待有朝一日能够成功。

通读中国历史，我们就可以知道，中国历朝历代人才辈出。例如，秦始皇修建万里长城，隋炀帝开通京杭大运河。且不说当时修建这些浩大工程的目的何在，单看其宏大的规模，即使在科技发达的今天，也是难以一蹴而就的。抱着这些从史书上获得的美好想象与憧憬，大正三年（1914）的春天，我终于踏上了中国的土地，四处察看民情。我没有想到在儒教发源地——中国，竟然需要我到处讲述《论语》，这一现象可谓"奇观"。

征服自然

随着人类文明的发展，人类通过自己的智慧，拥有了与自然抗衡，甚至征服自然的力量。海陆交通越来越便利，人与人之间的距离不断缩小，其发展速度令人吃惊不已。古代中国认为天圆地方，认为人类居住的地方是方的，除了本国，基本上不承认其他国家的存在。在很长的一段时间里，日本也受到了这种见解的影响。日本对本国以外的认知、联想能力也只局限于中国和"玄奘西行取经"的天竺了。至于世界为何物、五大洲的存在之类的就更别提了。小时候，我曾听童话故事里说，有一种大鸟，左右翅膀张开长达三千里。可就算是童话故事里那么大的鸟，也依旧看不见世界的边际。

如果这个世界无边无际，那么，以我们人类的智慧一探其究竟是没那么容易的。但是，这半个世纪以来，随着人类文明的进步，交通日益发达，物理距离仿佛也日趋缩小。这一切让人产生一种恍如隔世的感觉。

1867年，拿破仑三世在位的时候，曾在法国巴黎举办了万国博览会。德川幕府将军的弟弟德川民部大辅为特命使节，亲自前往参会。我也有幸作为随行人员前往欧洲。我们一行人从横滨乘坐法国邮轮，途经印度洋和红海，到了苏伊士海峡。路过苏伊士海峡的时候，正值法国人雷赛布①负责苏伊士运河的开凿工程，因为还没有竣工，所以我们不得不弃船改走陆路。接着，我们乘铁路横穿埃及，经过开罗，抵达亚历山大，最后再乘船经过地中海。经过五十五天的奔波，我们终于到达了法国马赛。等我们参加完万国博览会，第二年冬天启程回日本的时候，苏伊士海峡那边的工程都还没有结束。

1869年，苏伊士运河终于竣工通航。自此，各国的船舶皆可通航。欧亚海上交通进入了一个全新的时代，欧亚之间的贸易、航海、军事和外交等，也随之迎来了新变革。

与此同时，各国的船舶越造越大，航运速度也越来越快。大西洋就不用说了，环太平洋各国之间的距离也大大缩短了。而且，横贯西伯利亚的铁路也竣工了。欧亚的交通、东西方交流也开创了一个新纪元。天涯若比邻的梦想终于成为现实。

不过，美洲大陆的腹地有一条呈南北走向的带状海峡，地势仿若蜿蜒曲折的长蛇，阻断了大西洋和太平洋之间的联系。为了获得运河的开凿权，雷赛布饱尝辛酸，却没有取得成功。正当大家都认为事情不会就此结束的时候，美国依靠雄厚的实力，一举完成了巴拿马海峡地区运河开凿的大工程。巴拿马运河的开通使南北半球相通，成为沟

① 雷赛布（1805—1894），法国外交官，世界上两大运河——苏伊士运河和巴拿马运河的开凿者。

通大西洋与太平洋的重要航运水道，大大缩短了两洋之间的航程。中国有句老话叫"寿则多辱"。可这五十多年来，世界的交通越来越便捷，大洋之间的距离也显著缩短。这一前一后的乾坤观念简直是截然不同，仿若隔世啊！生于昭和时代的我，现在觉得"长寿是福"啊！

别了，模仿时代

　　无数有识之士多次呼吁要破除日本国民思想中的"舶来品至上"，即崇洋媚外的不良观念。我认为，虽然没有必要特别排斥外国产品，可是也不应该贬低国产商品啊！然而，现在一提到外国商品，几乎所有人都认为"海外进口的就是好东西"，可以说，崇洋媚外的观念已经深入人心了。对此，我感到无比遗憾。日本文明的发展其实也就是近些年来的事，而且，从欧美国家移植、借鉴的地方也数不胜数。日本曾经对东施效颦的欧化主义盛行的现象感到担忧，即使到了今天，其负面影响还残存着。偏爱舶来品、唯外国商品至上的现象依旧是潮流。自明治维新以来，半个世纪过去了，日本自诩世界一流国家。可到今天，日本却还醉心于崇拜欧美，轻视自己。说起来，也真是没出息啊！一块肥皂，贴上外国商标就是抢购一空的好肥皂；外国的威士忌，如果没喝过一口的话，就被认为是落后于时代潮流的乡巴

佬。试问，我国大国权威何在？国民的尊严又何在？我真心希望日本
国民们要好好反省一下自己，希望大家自觉地维护国家的尊严，还有
我们国民的尊严。从现在开始，抛弃以前盲目崇拜欧美的观念，告别
模仿时代，独立自主，自力更生，创造属于我们自己的民族品牌的
时代！

　　互通有无是经济的一大原则。我在此并不是有意鼓吹抵制外国商
品。有得必有失，这是客观规律。前些年，明治四十一年（1908）政
府颁布《戊申诏书》的时候，很多人把《戊申诏书》错误解读成极端
的、非理性的消极主义。当时的执政者对此也感到头疼不已。而我现
在所宣传的"鼓励国产"，他们也认为是极端消极主义、保守主义、
排外主义。他们的误解，不仅给我们发起人的工作带来麻烦，甚至有
可能导致国家蒙受巨大损失。互通有无是数千年以来公认的经济活动
原则，违背这一原则而企图达到经济发展的目的，那简直就是白日做
梦。比如说，佐渡出产黄金，越后盛产大米。往远了说，中国台湾产
砂糖，日本关东产生丝，再放眼国际，美国的小麦，印度的棉花等，
各个地区的自然地理环境不同，造就各地特色产品也不尽相同。我们
可以食用他们生产的面粉，购买他们种植的棉花，与此同时，我们也
可以把我们生产的生丝和棉纱卖给他们。不过，有一点我们必须特别
注意，我们一定要生产适宜我国国情的商品，进口购买必要且恰当的
东西。

　　另外，我们有必要设立鼓励基金会。奖励不能只停留在口头上，一定要充分落实，否则效果甚微。既然好不容易设立了组织机构，就一定要把设立初衷和目的贯彻到底，着手做实事，表模范。可现在呢，我们的组织机构除了发行会报以外，什么具体的决议都没有形成。我们应该如"国产奖励会"章程上所写的那样，今后要实施本国产品调查研究，举办农工业产品展销会、报告会，完善商品陈列馆设施，举行问答会，制定出口鼓励政策，等等。其中，尤其是研究所的设立、产业注意要点、市场和产品介绍、试点分析、接受委托证明等方面都对经济发展大有裨益。不过，这项工作的成败与每个人息息相关，我希望大家为了这个协会的发展和壮大贡献出我们的一份力量。

　　最后，我也想向有关部门建议，必须扎实推进鼓励国产的政策。只不过，如果强行推进不合实际的鼓励国产政策的话，很可能适得其反，这就成了"好心办坏事"，甚至可能会把保护变成了干预、束缚。我由衷地希望，特别是在商品实验、推介的时候，各位同行能够抛开个人的私利、私情，不忘公平、诚信的原则。如今日本产品畅销，广受好评，有些生意人不惜利用这一点，奇货可居，或者粗制滥造，欺瞒善良的老百姓，却只为了中饱私囊。这样的做法只会阻碍国产品牌、国产商品的发展。我希望我们能够相互提醒，防止这些不逞之徒出现。

效率提高法

一提到效率问题，我就感到非常惭愧，因为我老是给大家添麻烦。没有做好效率管理，就会无效地浪费时间，这一点值得我们多加注意。弄得不好的话，效率将变得极其低下。不仅是工人，就是处理日常事务的人也要充分利用时间，不拖延，在有限时间内完成规定的任务。如此一来，不需要很多的人力，也能完成大量的工作任务。也就是说，工作效率高，省时省力。不过，全日本的劳动者都可能和我一样猜测——是自己做得不好，工作效率也低。我认为，人是绝对不可能像时钟指针一样丝毫不差地完成事先安排好的工作量的。实际上，明明几个人就可以完成的工作，却动用了大量的人力；一次就能搞定的事情，却三番五次叫人重做。这些事情并不需要耗费如此多人力、物力。

我曾在美国费城受到了沃纳梅克①的热情接待。我见识到了他高超的时间管理能力，他在短时间内能做到高效完成大量的工作，当日事当日毕。我不禁深感佩服，同时也获益匪浅。一个叫泰勒的人，曾在自己的著作中大力提倡节约时间，介绍了一些提高效率的方法。还

———————
① 约翰·沃纳梅克（1838—1922），生于美国费城，被誉为"百货商店之父"。1875年，他购买了一个废弃的铁路仓库，改建成沃纳梅克百货商场，被认为是美国第一家百货商店。

有一个叫池田藤四郎的人也在一本杂志上讲过如何提高效率。关于提高效率这一理论，我一开始以为是针对工厂车间的工人所强调的。其实并非如此，它应该融入我们每一个人的日常生活中。

从沃纳梅克接待我的情形来看，他的生活似乎并没有发生什么特别的变化。他让我乘坐从匹兹堡到费城的火车，刚好五点四十分能到，到了之后，先不要绕道去酒店，而是直接去他的店里，那么六点就能到。我就按他的安排，一到费城，没去酒店，直接坐车去他的店里，六点零几分就到了他的店里。我到的时候，他已经在店里等着了。他立马陪同我参观，大致介绍了商店的整体情况。那个商店大得令人瞠目结舌，入口处飘扬着两国国旗，还有绚丽多彩的灯照耀着。而且，那天大部分的顾客还没有离开，那里就好像一个巨大的剧场，聚集了一大群等待散场的观众。在主人的陪同下，我们参观了一楼。穿过陈列馆后，我们乘坐电梯到了二楼。首先映入眼帘的是厨房，厨房打扫得非常干净、整洁，里面还有专门为贵宾做菜的地方，也有为普通顾客做菜的区域，我们还去了后厨。接着，我们参观了一个"秘密会议室"，据说这里是商议商店发展事务的地方，这个会议室差不多能容纳四五千人。然后，我们去了教育会议室，这个地方主要是为店里的员工提供最实用的培训。我们参观这些地方大概花了一个小时。参观结束的时候，差不多已经七点了。我回酒店前，沃纳梅克问我，明天早上八点四十五分来酒店拜访我，有没有问题。他还问我，那个时候应该吃完早饭了吧。我说没有问题。

第二天早上，他如约而至。我们就一直畅谈到正午。我们从他创办礼拜日学校的理由，谈到了我的出身背景，越聊越起劲。结果我们聊的时间估计比他预想的时间多一个小时。他说："快到午饭时间了，我先回去了。下午两点我再来。您也可以休息，准备一下。"

下午两点，他准时到达。这次他带我参观礼拜日学校。至于这个学校是不是他出资修建的，我就不太清楚了。学校的礼堂非常壮观，能够容纳将近两千人。他说："这里平时就这么多人，并不是因为您要来参观而特意召集的。"牧师讲完了《圣经》，之后就是集体唱赞美歌。弥撒结束之后，沃纳梅克对我也做了一个简单的介绍。接着，他还请我谈谈对礼拜日学校的感想。我就简单地讲了几句。之后，他在大庭广众之下，郑重地试图说服我放弃儒教，改信基督教。那个时候，我性格比较软弱，这让我有些不知所措。一时之间，我竟不知道该作何回应。这边结束后，我们就立刻去了旁边的"妇人圣经研究会"做演讲。那个地方在两个街区外。工人们聚集在那里，一起研究《圣经》。沃纳梅克向工友们介绍说："这位老人来自东方，一定要和他好好行握手之礼。"接着，四百多个人上来挨个和我握手。他们都是体力劳动者，握手的时候很用力，我的手都被握疼了。不久，到了五点半左右，他和别人约好见面，六点必须出发去乡下。他送我到我下榻的酒店前，我们才道别。

临别时，他说："后会有期！有缘再见！"

他还问道："什么时候动身去纽约？"

我回答道："三十日去，待到下个月四日。"

他又说："我下个月二日也要去纽约办事。到时候，我们再见上一面吧！"

我说："好啊，几点？"

他说："我下午三点必须走，回来这里还有事儿。"

我说："那我们就约下午两到三点，我到你纽约的店里找你。"

下个月二日那天下午，两点半到三点的时候，我心想：糟糕，我可能要迟到了，担心会不会耽误了他的行程。于是，我就着急地赶到他的店里。一到那里，他就说："您能来，实在是太好了！我真是太高兴了！"

我也说道："我也非常高兴还能再见你一面！"

接着他说道："本来想设宴送您的，可是时间太赶了。只好送几本书给您，还望笑纳。"他送的书中，有两本是《林肯传记》《格兰特传记》。他还简单地谈了一下这两位伟大人物的崇高人格，并告诉我说，他还当过格兰特将军欢迎委员会的会长呢！差不多到时间，我们分别了。他把一切都安排得如此紧凑、巧妙，一分一秒都没有浪费，讲话也非常得体。我对他实在佩服不已。如果大家都能像他一样，不浪费时间，合理安排，效率不知道能提高多少。

不仅是生产制造，其实，工人们工作的时候，干活手脚慢，毫无工作效率，负责人应该提醒工人们不要浪费时间，要提高工作效率。我认为，我们要时刻牢记，互相督促，不要浪费别人的时间，也不要浪费自己的时间。

究竟是谁的责任

大家动不动就说，明治维新改革之后，商业道德不仅没有与文明进步齐头并进，反倒衰退了不少。然而，我却在想，道德为什么下滑，甚至是沦丧呢？我百思不得其解。比如，把今天的工商业者和以前的工商业者相比，到底是谁更有道德观念？到底是谁更重视商业诚信呢？我敢断言，一定是今天的工商业者更胜一筹。

确实，就如前面所说，物质文明进步与发达的同时，道德水平却没有实现同步上升。我也不是想要和世人争个对错，我的性格就是打破砂锅问到底，我也只是表达我个人的意见。作为这个行业的一员，我认为只有了解了其中真正的缘由，才能早日促进道德提高和物质发展并驾齐驱。要解决这个问题，就要先回到我们之前所探讨的"修身"的方法——磨炼自己，提高道德水平。其实，这些方法也不难做到，只需要我们在日常生活中，内化于心、外化于行就可以了。这并不是比登天还难的事。

明治维新以来，物质文明急速发展，与之相反，道德进步却没有随之而来。于是，大家都关注到了这个不合理的现象，以至于大家认为商业道德在日渐衰退。所以，当务之急是要提高大家的仁义道德水平，使之与物质文明的进步相匹配。不过，直接把外国风俗、习惯照搬照套到我们国家，似乎不是一个明智之举。国家不同，风土人情自然也不同，所以，我们应该仔细地观察其社会组织的特点、风气习俗，同时批判继承我们祖先流传下来的风俗习惯，培养适合当下社会、国情的道德观念。

举个例子来说，"父召，无诺，君命召，不俟驾"这句典故，是日本人对于父、君的道德观念，即"父亲召唤，来不及应声，就马上起身；君主召唤，还不等车马备好，就动身奔赴"。这是日本长久以来尊崇的君与父的观念。但是，这和西方推崇的"个人本位"的思想简直是大相径庭。西方人最重视个人契约精神，然而，在君主、父母面前，日本人可以义无反顾地牺牲个人。西方国家赞赏日本人是富有忠君爱国精神的人，与此同时，他们抨击日本人不尊重个人承诺。换句话说，这是根深蒂固的思想观念的惯性使然，各自重视的东西也不一样。因此，不究其内在深层原因，只停留在表面的观察，一棍子打死，主观臆断认为日本人没有契约精神，这是有失公允的。无端指责日本人的商业道德低下，更是毫无道理可言，令人无法接受。

话虽如此，但我对今天日本人的商业道德也不是非常满意。现在的工商业者中，有一部分人的道德观念非常淡薄，也有些人过分在乎个人利益。这种现象应该引起我们的高度重视。

摒弃功利主义

日本素来以士魂为自豪。可是，日本的工商业者却被说成缺乏道德观念，这实在可悲。我既不是历史学家，又不是学者，没法追根溯源。可是，如果要我究其原因，我认为这是传统教育的弊端所致。孔子曾说："民可使由之，不可使知之。"（《论语·泰伯》）明治维新之前，林家一派①掌握着日本的文教大权，朱子派的儒教主义也被赋予了浓厚的色彩。它们把被统治阶级的农工商阶层的人排斥在道德的规范之外，同时又使得农工商阶级也认为自己没有必要受道义的束缚。

林家学派的宗师朱熹，也称作朱子，说起来，他也只不过是一个大学者而已。朱熹提倡"实践躬行仁义道德"，可他本人只是停留在口头说教，并没有亲身实践。因此，林家的学风也产生了知和行的断

①　这里指林家儒学，即林罗山集王阳明、朱熹的儒家思想，形成日本的儒学思想体系，其思想受到日本历代统治者的推崇。不过，后人认为林家学派思想是妨碍日本人精神进步的最大原因。

层，即儒者只负责传授圣人学说，而忠实履行的人则是普通人，说的人和做的人是两拨人。到头来，孔孟所说的"民"，即被统治阶层，他们只是奉命行事，唯命是从，只要无过便是有功。民众本性也就自然而然被驯化成了卑躬屈膝的"奴性"。毕竟，仁义道德都是统治者们的事，普通老百姓只要耕种好政府分配的田地，商人只要会打算盘，这就算是尽了责。久而久之，这就成了习惯，自然而然也就缺乏爱国家、重道德的观念了。

如"入鲍鱼之肆，久而不闻其臭"，这是数百年养成的坏风气。所谓久臭不知其味，在这种大环境下，要做一个有高尚品格的君子，谈何容易。再加上欧美的新兴文明乘虚而入，大家变得越来越功利主义，不断助长这种不良风气。

近年来，欧美盛行伦理学，提倡修身养性的呼声也很高。不过，他们的出发点是宗教，这一点难以和日本的国情相吻合。外来文明在日本最受欢迎且形成最大一股势力的，并不是道德观念，而是那些对发家致富有立竿见影效果的成功学，即功利学说。对富贵的渴望可以说是人类本能的欲望，可是对缺乏道义观念的人来说，要是从一开始接触的就是功利学说，那无疑像火上浇油一样煽动人的欲望，其结果也就可想而知了。

不少人是出身于社会下层的劳动生产者，通过自身努力，一夜暴富，一跃逆袭到声名显赫的阶层。那么这一类人，他们发展到今天这

一步，真的会一直坚持遵守社会道德规则，不走邪门歪道，无愧于天
地良心吗？作为一个实业家，为了不断发展壮大与自己有关的公司、
银行等事业，夜以继日，竭尽全力，这确实非常了不起。同时，这种
做法也忠于股东利益。可是，如果打着为公司和银行创造价值的旗
号，实际上却想着为自己谋私利，或者多给股东分红——背后的理由
其实是想给身为股东的自己多分点儿，这就埋下隐患了。即使会导致
公司、银行破产，给股东造成利益损害，可要是自己能从中获利，也
会按捺不住这么做吧？孟子所说的"不夺不餍"指的就是这个意思。

　　再比如，那些为大富豪、大商人工作的人，辛辛苦苦地为主人工
作。表面上可以说他们是忠于职守的人，可实际上，他们忠直尽责的
背后，是为了自己的利益打着小算盘。要是主人变富，自己也能跟着
富起来。虽然当个管家、二把手被周围的人看扁，但是有些人一想到
其实际收入远远高于一般企业家，立马就不顾声名，要争得这份利
益。如果有这种想法，那么其忠义行为，到头来只不过是"利益问
题"四个字罢了。同样的，这只能说和道德毫无关系。

　　然而，世人却把这类人当作成功人士尊敬，甚至憧憬自己有朝
一日也能成为这样的人。年轻人以他们为榜样，想方设法成为这样
的人。这种风气何时才能消停呢？如此一来，我们工商业者都被称
为道德败坏之徒了。但是，孟子说"人性之善也"，善恶之心人皆有
之，这中间也有不少高尚人士，深感商业道德的衰退，为改善现状而

努力。不过，受数百年的恶习、利益至上的功利主义思想的影响，人们绝非一朝一夕就能成为品德高尚的君子。尽管如此，我们不能妄想事态放任自流，还能得到改善，这就好比我们不能让无根的树枝繁叶茂、开花结果。同理，我们如果对此放任自流，那么培养国家根本、扩大商业信誉也无从谈起。商业道德应该深入骨髓里，它对国家、世界有着直接而巨大的影响。因此，必须大力发扬"信用"的威力，我们所有从事商业的人员必须把"信用"作为万事之本，充分理解"一信敌万事"，巩固经济基础，这些工作才是重中之重。

对竞争的误解

世界上处处有竞争，事事有竞争，比如激烈的赛马、赛艇，甚至早起也有竞争，读书也有竞争，品德高低也有竞争。但是，后面的这几种竞争，一般大家都不认为是激烈的竞争。可是，像赛马、赛艇那样的竞争，就是拼上性命也在所不惜。有的人在增加自己的财富这点上也是如此，他们产生了激烈的竞争意识，把道德观念抛在脑后，为了达到目的不择手段。换句话说，陷害同事，诋毁他人，或者自甘堕落。古语所说的"为富，则不仁"，可能就是由此而产生的吧？据说，亚里士多德也说过，"所有的商业都是罪恶"，不过，当时还处在文尚明未开化的时代。所以，即便是大哲学家所说的话，我们也不能稀里糊涂地接受。孟子说的"为富不仁，为仁不富"也是差不多的意思。

我想，人们之所以会对这样的道理产生误解，是由一般的社会习惯造成的。元和元年（1615），德川家康在大阪夏之阵中大胜，一举歼灭丰臣一族，一统天下。自此，日本再无战事。在那之后，他所制定的相当多的政治方针都带有明显的孔子的思想。在此之前，日本虽然和中国、西方国家有一定的接触，但是，日本人觉得基督教教徒对日本有可怕的企图。此外，荷兰人还以书面的形式报告说，有人想借基督教的名义，把日本据为己有。因此，幕府实施锁国政策，断绝了对外的一切交往联系，仅允许开放长崎一带的贸易来往。德川家康对内，则完全用武力治理，推崇儒教，把孔子的"修身齐家治国平天下"作为施政方针。因此，武士们都必须修行仁义孝悌忠信之道。讲社会仁义道德的人统治民众，可是，他们却与从事经济活动的人毫无关系，这真的是"为富不仁，为仁不富"啊！而且，武士管理民众，他们是消费者，他们不从事生产工作。换个角度来看的话，武士本来就是管理民众、教导民众的一方，如果他们从事经济活动，那就和其职责相悖，甚至可以说不符合他们的身份。因此，"打肿脸充胖子"，其实体现了武士阶层即使穷困潦倒，也会以清高的姿态示人，注重体面的品格。中国也有类似典故，"廉者不受嗟来之食"。

管理民众、教化民众的人要把民众百姓当衣食父母。老话说："乐人之乐者忧人之忧，食人之食者死人之事。"既然享受了别人的快乐，就应该分担别人的忧愁；既然拿了别人的薪酬，就要为别人的事奔走。作为管理阶层的人，这是他们的本分。因此，与仁义道德无关的人，就一直从事谋利生财的经济活动，从而让过去所说的"所有的商业都是罪恶的"的状态一直延续至今。长达三百年的社会风气就是这么形成的。但是，武士也好，商人也好，也许一开始用最简单的方法就可以扭转这个风气，也不至于演变成后来这样。渐渐地，知识越来越缺失，活力越来越不足，繁文缛节越来越多，最终导致武士精神衰颓，商人阿谀奉承，谎言、虚伪四处横行。

第九章

教育与情谊

强行尽孝不是"孝"

《论语·为政》中写道，"孟武伯问孝，子曰：'父母唯其疾之忧。'子游问孝，子曰：'今之孝者，是谓能养，至于犬马，皆能有养，不敬，何以别乎？'"此外，《论语》中还有其他地方也记录了孔子对孝道的解释。假设父母强迫子女行孝道，容易适得其反，把子女逼成不孝之子。我有几个孩子，我不知道将来他们会不会孝顺我。我只是偶尔和他们提一嘴"父母唯其疾之忧"而已，但我不要求他们一定要孝顺我，或者是逼迫他们尽孝。有些父母按照自己的想法教育孩子，既有可能使孩子成为"孝子"，也可能使孩子成为"不孝子"。子女如果没有如父母所愿顺着父母的话，父母就认定子女不孝顺。我觉得这就大错特错了。如果只是单纯从物质上赡养父母，那么和养狗、养马有什么区别？为人子女尽孝道并不是这么简单的。没有唯父母是从，没有承欢父母膝下，甚至没有伺候父母的子女，并不一定就是不孝子。

虽然说起来有点像是自卖自夸，我也觉得有些惭愧，不过这也是真事，我就斗胆和大家说说吧！我那个时候大概是二十三岁。我父亲和我说："十八岁时候的你，和十八岁的我确实不一样。你书读得好，做什么事都机灵、利索。如果依我的想法，我当然想把你留在身边，什么事儿都听我的。可是，我想，这肯定会把你逼成一个不孝子。我决定，放你自由，从今以后，你想做什么就去做吧！"确实如父亲所说，那个时候的我，虽然还年轻，理解能力却超过父亲了。那个时候，父亲如果强迫我按照他的意愿尽孝，那我极有可能产生逆反心理，反抗父亲，最后成为一个不孝子。我很庆幸事情没有发展到那个地步。这多亏了父亲没有强迫我尽孝，宽容待我，尊重我的志向，我才能一门心思朝着自己理想中的人生前进。"孝顺"，最初是由父母教授子女的，而子女在潜移默化中学会了如何"尽孝"。孝顺，不只是子女"尽孝"，还是父母给子女"爱"。

我父亲如此对我，我自然也受到他的影响。我对待我的子女也如我父亲待我那般。我自己多少比父亲优秀些，做法上自然也和父亲不完全一样，也正因为我和父亲的做法有些不同，我也没成为像父亲那样的人。我这样说，听起来显得我有些大言不惭了。但我也不是神仙，无法预知我的子女将来会如何待我，现在也只能说，我的孩子和我不一样。非要说我们的不同，那就是他们不够优秀。可是，指责孩子，叫他们无条件遵从自己，对自己百依百顺，我做不到这样要求我的孩子。即使强迫孩子对自己"百依百顺"，有些孩子也不可能像我一样，他们不管怎么努力就是无法达到父母的要求啊！即便如此，仍要强迫孩子的话，孩子们就会表现出自己的意志，无奈之下变成了"不孝之子"。父母口口声声说着"孩子没有依着我，顺着我，不孝顺"，实际上却是自己亲手把孩子逼到"不孝"的境地。这又于心何忍呢？

因此，我想劝天下的父母们，不要强迫孩子尽孝。孩子如果没有对父母百依百顺，父母也不要觉得是子女不孝。

现代教育的得失

正如以前的社会和现在的社会不一样，现在的年轻人和以前的年轻人也不一样。我年轻的时候，大概二十四五岁的时候，正好是明治维新前，和现代年轻人的境遇、所受的教育截然不同。孰优孰劣，可谓见仁见智。有人认为，以前的年轻人意气风发，有远大抱负，比现在的年轻人优秀不知多少倍。现在的年轻人浅薄轻浮，暮气沉沉，一点儿朝气都没有。我觉得这不能一概而论。把以前少数优秀的年轻人同现在的普通年轻人相比，得出这样的结论，这未免太有失公允了。现在的社会有优秀的年轻人，以前的社会也有一般的普通人。明治维新之前，士农工商的阶级划分非常严格，即使在武士阶层中，也分上士、下士；普通百姓、商人当中，也有分家里是世代为地主并担任村里管事的和一般普通家庭背景的。自然，他们各自的性格、所受的教育都不一样。在这种情况下，以前的年轻人会因为出生于武士与上层町人、一般百姓的不同家庭，受到质量与程度不一样的教育。

以前的武士及上层町人，在青年时代，基本上接受的是中国的古典汉学教育。从《小学》《孝经》《近思录》开始，再到后来学习《论语》《大学》《孟子》等。而且锻炼身体的同时，还要培养士的精神。可普通的商人、百姓接受什么样的教育呢？他们接受的则是一些与切身问题相关的粗浅教育，比如《实语教》《庭训往来》，还有加减乘除、九九乘法表之类的知识。这中间存在的教育差距实在是太大了！接受了中国古典汉学教育的武士，有理想、有见识。而一般的普通老百姓、商人，接受的是最基本的教育，毫无学识的人数不胜数。现在社会讲究四民平等，提倡贫富贵贱无别，大家接受同样的教育。大财团岩崎、三井的儿子和小门小院人家的儿子一样，接受的是同样的教育，因此，一部分年轻人品性不佳、不学无术，也是无可奈何、不可避免的事情。所以，把现在的普通年轻人同以前少数武士阶级的年轻人加以比较，指责他们的种种不是，我认为这其实是非常不合理的。

和以前的年轻人相比，现在接受高等教育的年轻人当中，丝毫不逊色的年轻人也不在少数。以前，只要有几个优秀的人才就可以了，因此，以前推行的是培养优秀人物的"天才教育"。现在则是大多数人都能接受的平等的启蒙式教育，即"常识教育"。以前的年轻人为了寻找良师煞费苦心，古代的熊泽蕃山拜中江藤树为师的故事就被传为一段佳话。熊泽蕃山想成为中江藤树的弟子，未得许可，为此在中江藤树家门口连着等了整整三天。中江藤树被其诚意所打动，终于将他收为门人。其他传为美谈的还有新井白石拜木下顺庵为师，林道春拜藤原惺窝为师。他们都是为了择良师，修学问，磨意志。

然而，现代年轻人的师生关系非常混乱，传为佳话的师徒情谊更是屈指可数，这种现象真的令人心寒。现在的年轻人对老师也缺乏尊敬之心。比如，现在学校的学生看待老师就像看相声演员、演讲家似的，说他们课讲得糟糕，解释一塌糊涂。作为学生，这些不该有的指责，他们却脱口而出。另外，现在的学科制度也和以前不一样，学生要接触多门学科的老师，师生关系错综复杂。同时，老师对学生的爱护之情也不如以前。

总之，现在的年轻人要择良师，陶冶自己的品格操行。以前的学问和现在的学问相比，过去专注于"精神"，现在则是致力于"知识"。以前读的书籍全都是围绕精神修养方面的内容，以及如何践行这些精神修养，比如有修身齐家的、治国平天下的，总之讲的都是人道的大义。

《论语·学而》说"其为人也孝弟，而好犯上者，鲜矣；不好犯上而好作乱者，未之有也"，还说"事君能致其身"，这些论述的都是忠孝主义，详细来说，即为"仁义礼智信"的教义，由此唤起人们的同情心、廉耻心，重视礼节，推崇勤俭、朴素的生活。以前的年轻人在修身的同时，自然而然地会忧心天下国家大事，重朴实、知廉耻、讲信义的社会风气盛行。与之相反，现在的教育重视知识教育，从小学开始，年轻人要学习很多科目，到了中学、大学，更需要大量学习，至于精神修养，却等闲视之，年轻人也没有精力去做。因此，现在年轻人的品格问题令人担忧。

现在的年轻人误解了做学问的目的。《论语》记载，孔子曾感慨道："古之学者为己，今之学者为人。"这句话用于现在也完全合适。现在的年轻人是为做学问而做学问，一开始就没有明确的学习目的，稀里糊涂地学习，等步入社会就会陷入"我到底是为了什么而学"的困惑之中。"只要好好学习，就能够成功"成了一种"迷信"，有些年轻人受其影响，也不反思自己的人生经历、生活状态，学着不适合自己的专业，到头来后悔不已。因此，普通的年轻人一定要认清自己的经济实力，小学毕业后，可以选择上各种各样的专门的职业技校，掌握一门实用的技术。打算接受高等教育的年轻人，有必要在中学的时候，就对将来学习的专业多加思考，树立明确的目标。如果只是肤浅的虚荣心作祟，头脑一时糊涂，敷衍被动地学习，误解了做学问的真正含义，这样不仅会耽误年轻人自己，甚至会导致国力的衰退。

伟人之母

对待女性，是像封建时代那样，不给她们受教育的权利，不尊重她们，还是让她们接受一定程度的教育，学习修身齐家之道呢？我想，这一点无须我多言，大家都非常清楚。不能因为是女性，对其教育就可以敷衍了事。关于这一点，我认为有必要先谈一谈女性的天职，即抚养子女的重任。

女性和子女之间究竟具有什么样的关系呢？从这方面的统计研究来看，大多数的情况下，善良的女性生养出善良的孩子，优秀的女性培养出优秀的人才。这种例子不胜枚举。众所周知的优秀母亲有孟子的母亲、华盛顿的母亲，日本的楠正行的母亲、中江藤树的母亲，她们都以"贤母"著称。近的也有伊藤公①、桂公②的母亲，也都被誉为伟大的母亲。总之，从小受到贤明母亲的照料，长大后成了优秀人才的例子比比皆是。伟人、贤人之所以那么优秀，很大程度上归功于其母亲的贤明。这并非我一家之言。由此看来，让女性接受教育，开发其智力，培养她们良好的妇德，这不仅仅是为了女性本人，还间接地培养了善良的国民啊！因此，我们决不能忽视女性教育。然而，我认为，重视女性教育的重要性决不仅于此，因此，我想进一步谈谈女性教育的必要性。

明治以前，日本女性教育内容基本上是按照中国的培养标准。要求女性坚守贞操，顺从、细心、优美、忍耐，重视对女性在精神方面

---

① 指伊藤博文。

② 桂太郎（1847—1913），曾经三次担任日本首相。

的教育，但是，对女性在智慧、学问等方面的知识和教育，采取了不鼓励、不传授的态度。幕府时期，日本女性基本上接受的都是这种教育。贝原益轩的《女大学》被誉为那个时代至高无上的教科书。换句话说，"知识"相关的教育一概无关，重点都放在约束女性自己的行为上面。当今社会中的大部分女性都是接受这种教育过来的。虽然，进入明治时代以后，女性教育方面取得了一些进步。可是，能有机会接受现代教育的女性还是微乎其微。说现在的女性的知识水平还没超出《女大学》的范围，一点都不夸张。因此，尽管当今社会的女性教育已经非常普及了，可是，我觉得整个社会还没有充分认识到女性教育的效果及价值，现在只能说是女性教育的过渡期。从事女性教育的专家们必须充分探讨其优缺点，并加以研究。过去我们还有"借腹生子"的说法，把女性视为生育工具，我认为，现在我们不能把这种说法挂在嘴上，不能像过去那样鄙视、嘲讽女性。

暂且不论宗教对女性的态度，我认为我们应该呼吁人真正的道义之心，不要把女性当工具。女性也顶半边天，我们的社会应该像重视男性一样重视女性。中国古代哲学家孟子曾在《孟子·万章上》中说，"男女居室，人之大伦也"。显而易见，女子也是社会的一员、国家的一分子。既然如此，我们就应该摒弃陈旧、落后的轻视妇女的观念，赋予女性和男性同样的国民权利——平等享有接受教育的权利，男女之间相互合作、互帮互助。如此一来，过去五千万人中，这两千五百万人没有发挥其价值，现在不就多了这两千五百万人为社会服务了吗？我认为，这就是要大力推进女性教育的根本原因。

过错在谁

我认为师生之间的关系应该是深情厚谊，彼此之间相亲相爱的。地方学校的师生关系究竟如何，我也不是非常了解，不过，我听说东京的学校师生关系非常淡薄。我举个反面例子，课堂上就像聚集了一大帮人，听课就像在听单口相声一样。学生们抱怨道，这个人上课特无聊，那个人上课总拖堂，甚至有的学生还专挑老师的小毛病说三道四的。

过去的师生感情也不一定都非常密切。比如，据说孔子有三千弟子，他们不一定都能够经常见面、交流。但是，三千弟子中精通六艺的弟子有七十二人之多，起码这些弟子是经常和孔子见面交流的，这七十二人肯定也深受孔子人格魅力的影响。虽然用这样的师生关系的例子来要求现在的师生关系可能有些过分，但我认为像孔子引导弟子那样的师生关系就是非常好的典范。当然，我们也没有办法强求这样的关系。德川幕府时代，师生之间的影响力非常强大，情谊也非常深厚。大家看看熊泽蕃山拜中江藤树为师的例子就明白了。蕃山非常清高，是那种威武不能屈、富贵不能淫的人。他连天下的诸侯也不放在眼里，他曾效力于备前侯①。但是他被备前侯尊为师长，也非常受尊敬，同时，他在施政方面也是一个非常有见地的人。可是，为了拜中江藤树为师，蕃山像一个固执的孩子，在中江藤树的家门口请求了整整三天。中江藤树也被他的诚心所感动，将他收为弟子。他们之间的师生之情深厚，我想这和中江藤树德高望重的人格魅力是分不开的。新井白石也以刚正不阿、足智多谋、才高八斗、禀性高尚著称。他也是一个难得一见的人才，终身尊敬老师木下顺庵。近代，还有佐藤一斋、广濑淡窗这样的教育家用自己的人格魅力感化人心。我所知道的基本上都是汉学方面的师生关系。老师和弟子之间的关系像过去那样亲密，毫无隔阂。

现在的师生关系非常轻浮，我其实非常不满意，他们之间的关系变得像是表演者和观众，这实在是令人担忧。我也得承认，老师们也有责任。如果一个老师的师德、才能、学问、人格不能令学生信服，那么学生对老师就不会抱有尊敬之心，更不会产生敬仰之情了。所以，现在的学生才会动不动就挑剔老师的缺点。

当然，学生也有不对的地方，甚至还有让人觉得态度恶劣的地

---

① 备前侯，即池田光政。池田光政（1609—1682），冈山藩藩主。其怀着儒教的仁政思想积极施政，曾起用阳明学者熊泽蕃山，并倡导士族及平民教育。

方，学生对老师缺乏尊敬。虽然我不是很了解其他国家的情况，但是，我认为英国的师生关系不会像日本现在这样。当然，日本也有许多优秀的老师，他们并不像我刚刚所说的那样。可是，像中江藤树、木下顺庵这样的老师，毕竟还是少之又少。现在是过渡时期，一下子需要大量的老师，这必然会良莠不齐，虽然这听起来像是在辩解。不过，事实上，我认为，作为教育者，自身一定要做到自我反省；作为学生，要对老师抱有尊敬之心，努力和老师培养出真挚的师生之情。各位要是从事学校老师相关的工作的话，请你们一定要经常深入学生当中，心系学生，做到为人师表。如此一来，虽然不能完全避免目前这些问题，但一定程度上也可以防止不良现象的出现。

手比头高

从当前社会的普遍教育方法来看，我认为"中等教育"①的弊端尤其严重，教育者把重点都放在传授知识上了。换句话说，现在的"中等教育"非常不重视学生德育方面的培养。另外，从学风来看，

————

① 这里所说的"中等教育"是相对于高等教育、初级教育的教育，介于初级教育和高等教育之间。在日本旧的教育体制下，中等教育是指中学、高中女校、实业学校所实施的教育；在现在的教育体制下，中等教育指的是中学和高中教育。

现在的学风和以前完全不一样。现在的学生缺乏勇气、努力、自觉。当然，我这么说也不是倚老卖老。现在的教育科目繁多，什么都要学，学生则忙于应付多门学科的学习，时间严重不足，连分心的时间都没有，哪还有什么养成健全人格、习得常识之类的工夫呢？这真是一件令人感到遗憾的事。暂且不说那些已经进入社会的人士，我真心希望即将步入社会的年轻人，尤其是一心想为社会服务、为国家做贡献的人，一定要有意识地多注意这方面的发展。

话说回来，与我切身相关的实业教育，在过去连个名字都没有。明治维新以后，明治十四至十五年（1881—1882），这方面是一点儿进步都没有。类似于商业学校那样的事物的出现和发展，也不过最近二十年间的事情。

一般来说，先有政治、经济、军事、工商业、科学艺术的发展，然后文明的进步才能渐渐显现出来。但是，在日本，文明的一大要素——工商业却长期得不到重视。纵观欧洲列强的发展轨迹，社会各个方面都得到了长足的发展，其中发展得非常迅速的是实业，也就是工商业。近年来，日本也开始逐渐重视实业教育，也取得了一定的进步和发展。但是很可惜的是，其教育的方法和之前所述的其他方面的教育方法一样，急于求成，只重视理论和知识，对真理、规矩、人格、道德、正义等方面的教育则置之不顾。有人说，这是大势所趋，情势所迫，也是无可奈何的事，但这真的令人喟然长叹！

做实业的人，除了要充分具备团结、守纪的品质，还有一点非常重要，就是随机应变。做实业如果事事都要等着上司下命令，恐怕会错过最佳时机；事事都要等着上级命令再行动的话，恐怕也难有更大的发展。一味地偏重知识的发展，一心只为追逐自己的个人利益的话，说不定就会陷入孟子所说的"上下交征利而国危矣"的境地。这么多年来，我一直担心这一点。虽然任重而道远，但是我一直坚持努力从身边的实业教育做起，坚持智育、德育两条腿走路。

真正的孝

德川幕府中叶开始，"心学"将神道教、儒教和佛教精神融合统一，将其精神用通俗易懂的语言及浅显易懂的比喻加以解释，大力提倡实践道德运动。德川幕府第八代将军吉宗公统治期间，以石田梅严为首，提倡心学，著名的《鸠翁道话》等著作也出自这一派之手。梅严门下还出了手岛堵庵、中泽道二等有名之士。在这两位的共同努力之下，心学得以在日本普及。

我曾经拜读过中泽道二所著的《道二翁道话》，书中记载了关于近江和信浓两地孝子的故事。我至今还记得故事的内容，非常有趣，其中有个故事的题目好像是《孝子修行》。

　　但是，书里的人物具体叫什么名字，我已经不记得了。这个故事讲述的内容大概是近江有一个有名的大孝子，日夜担心自己不够孝顺，生怕自己达不到"百事孝为先，孝是百善源"的标准。他听说信浓也有一个出了名的大孝子，他决定亲自拜访这位大孝子，向他讨教究竟如何才能尽孝。于是，为了修行孝道，他翻山越岭，从近江出发前往信浓。

　　他到了之后，挨家挨户地询问大孝子的家在哪里。他到大孝子家的时候，已经过了正午，家中只有一位老母亲在，看着特别孤独。他问道："您儿子在家吗？"她答道："上山干活去了。"近江孝子把来意详细地告诉了信浓孝子的老母亲。老母亲说："我儿子傍晚时分一定会回来的，请您安心在屋里等候吧！"他也不客气地坐下来等。到了傍晚，信浓大孝子背着从山上砍来的一捆柴，终于回来了。近江孝子为了更好地观察和了解信浓孝子的一举一动，没有马上出来打招呼，而是坐在里屋。只见信浓孝子背着柴，走到廊檐下，一屁股坐了下来。柴看上去很重似的，他没办法一个人卸下来，就和他母亲说："你能帮我一把吗？"于是，他的老母亲马上上前去帮他。近江孝子对他的这一举动感到意外。信浓孝子并不知道此时有人正在偷偷观察自己，只见他又和母亲说："我的脚弄脏了，端点干净的水来，给我洗洗吧！"洗完脚，他又和母亲说："给我把脚擦干！"他就这么随口提出各种各样的要求，他的老母亲也眉开眼笑地对他百依百顺。近江孝子对他这些不可思议的行为感到无比震惊。信浓孝子洗干净了脚，坐在火炉旁。正当近江孝子在想接下来还会发生什么令人震惊的事的时候，突然，信浓孝子伸出腿对老母亲说："我的腿好酸，帮我揉揉吧！"老母亲看上去没有一丁点儿不乐意的样子，话音刚落就给他揉了起来。她边揉边和儿子说："有位客人从遥远的近江来我们家见你，现在还在里屋等你呢！"信浓孝子听到，马上起身说："那就去见见吧！"他正说着，就大摇大摆地朝着近江孝子的那间屋子走去。

近江孝子行了礼之后，把拜访的理由详细地告诉了信浓孝子，说自己不请自来是想向他讨教孝道。可聊到一半，就到了吃晚饭的时间。信浓孝子就叫老母亲准备晚饭，招待客人。可是，直到母亲把晚饭准备好，也没见信浓孝子有丝毫要去帮母亲的意思。饭菜端上之后，他也坦然地使唤母亲伺候吃饭，还一边说着"哎呀，汤咸了，饭的火候差点儿味道"。总之，他就在一个劲儿地责怪老母亲。近江孝子再也看不下去了，正颜厉色地责问他道："我听说您是天下有名的大孝子，我特意从遥远的近江来向您讨教。可是，就我刚才所看到的种种情形，实在令我感到万分意外。您不仅丝毫没有体恤您年迈的老母亲，还不停地训斥她。您这算哪门子孝子，我看简直就是大不孝！"

我觉得信浓孝子对此做的一番解释非常有意思。他说道："孝行、孝行，百善孝当先。这话没有错，但是，为了尽孝而尽孝，不是真正的孝行，而无意识做出的举动才是真实的孝行。我叫年迈的老母亲帮我做各种事，甚至叫她给我揉腿，嫌弃她做的汤和饭，自有我的道理。你想想看，老母亲看到儿子从山上干活回来，她心里肯定这么想：'儿子肯定累了。'于是，她就关心体贴地问道：'累坏了吧？'我为了让她知道我理解她的这种关心，就伸出腿让她给我揉。招待客人的时候，老母亲就会想：'不能有什么招待不周的地方让儿子不满意。'所以，为了回应她的心情，我对她做的饭和汤挑刺儿。我所做的这一切都是顺其自然，都是顺着我母亲的心思而做的。也许，这正是大家称赞我为大孝子的原因吧！"听了信浓孝子的回答，近江孝子恍然大悟，原来孝之根本在于不勉强、不强求，一切顺其自然啊！他也认识到那个为了孝行而尽孝的自己，确实还有许多没有做好、做到位的地方。

这就是《道二翁道话》中关于学习孝道的故事。

人才过剩的原因

经济世界有一条众所皆知的原则——供需原则。这条原则其实同样适用于投身实际社会生活中的人。人所共知，社会经济活动具有一定的规模和范围，用人需求是有限的，超过这个范围就是供大于求了。

现在的学校每年培养了不少人才，即使实业界正处于发展上升期，对人才仍有大量的需求，也无法满足所有人才的需求。当今受过高等教育的人才已呈过剩的趋势。大多数接受过高等教育的人，都会憧憬自己未来从事的职业是高端的。因此，只要没有出现人才供给过剩的情况，学生们是不会轻易放弃自己崇高的职业理想的。学生们能够有这样的理想，作为个人，我觉得这是非常值得赞许的，我也衷心地祝福他们。但是，从社会或者国家的角度来看，这未必是一件好事。社会情况错综复杂，并非千篇一律。因此，社会需要各种各样的人才，既需要当总经理的人，又需要当司机的人。从事管理的人毕竟是少数，社会对被管理的人的需求是无限的。刚才所说的大学生，如果愿意做"被管理"的工作的话，那么今天，社会上的人才过剩的现象也许就不复存在了。但是，如今的大学生却都想成为人上人的管理者。换句话说，这些人自认为上了大学，学了高深的理论知识，就不想被人任意使唤。同时，我们在教育方针、教育意义的取向上也存在不当之处。现在的教育，一味地进行填鸭式的"知识至上"的教学方法，培养的人才就像是同一流水线生产出来的。当下的教育忽略了精神修养，导致培养的人才自诩为"天之骄子"，自视甚高，无法低头向他人虚心请教。可想而知，人才供应过剩也是必然的了。

事到如今，我也并不是想用"寺子屋"时代的教育当例子来讨论今天的教育现状。过去在培养人才方面确实存在许多不足之处，但不可否认的是，古代的人才培养方法也有行之有效的地方。和现在的教育方法相比，以前的教育方法极为简单——使用高水平的教材，尽量选用"四书五经""唐宋八大家"的文章之类的作品。通过这些教材培养出来的人才各有千秋，当然，这也是因为教育方针完全不一样所致。另外，因材施教——进一步发扬学生各自的优点和长处，培养的人才各有特色。比如，头脑聪明适合读书的人，可以继续深造，将来从事世人所谓的高端的职业。如果不适合读书，也不必勉强自己从事体面的工作，只要适合自己的，哪怕是底层的工作也欣然接受。这样一来，人尽其才，物尽其用。

今天，我们的教育方法已经很先进了。但是，我们误解了教育的精神。学生对自己是否有能力、合适与否都不甚了解，就骄傲自大地认为"我和其他人都一样，我们接受的教育也一样。他可以做的凭什么我不能"，抱着如此自负的想法，他们自然就看不上那些"卑微"的工作。以前的教育是一百个人中出一个秀才，而今天的教育，则是以培养九十九个普通人见长。但是，由于误解了教育真正的精神，所以，现在的教育造成了今天中等以上的人才过剩的局面。但是，欧美先进国家同样也采取这样的教育方针，他们类似的弊端却很少，特别是英国，与日本现在的教育现状大不一样。我们可以看到英国教育非常注重常识培养，注重培养有人格魅力的人才。本来，像我这样对教育知之不多的外行人，不该对这些问题说三道四。但是，从整体上来看，今天我们的教育产生了这样的结果，我认为目前的教育是非常不健全的。

第十章

成败与命运

唯有忠恕

古语有云："业精于勤，荒于嬉。"我觉得这句话不管对什么事情都适用。如果事情本身有趣，自己也感兴趣，那么不管多忙，事情多琐碎，也不会感到厌倦、厌恶，更没有理由感到痛苦。与之相反，如果从事的工作无聊透顶，自己也一点儿都不喜欢，还得硬着头皮干，就一定会产生倦怠感，慢慢就心生讨厌、不满的情绪，最后陷入忍无可忍的境地。这说的是两种人。前者活力满满，乐趣无穷，这些都会成为他工作的动力之源，而事业的发展有利于社会的发展。而后者，精神萎靡，闷闷不乐，倦怠疲惫，最后导致自己一蹶不振。如果比较这两者，问问大家孰优孰劣，我想大家一定会不假思索地回答前者明智，后者愚蠢吧？

还有，世人动不动就聊运气的好坏。人生的运气也许一二成是天注定的，可是，即便如此，如果光坐着等，不通过自己后天的努力开启这份命中注定的好运气，那么大部分人也抓不住这份运气。愉快工作与痛苦工作，这两者带来的结果就不仅仅是天差地别了。我真心希望大家能够选择前者，抛弃后者。这样的话，大家都能在自己的工作中享受到工作的乐趣和快乐。与此同时，充实的工作内容也是大家所期待的。尤其像从事慈善救济事业的人，由于工作性质特殊，要尽可能地充实、丰富其工作内容，在工作上不留遗憾。虽说如此，但是，也不能一味把精力放在充实内容上，而忽视了形式。但凡工作，都必须做到保持内外平衡。总之，最需要注意的是避免工作流于形式，只做表面功夫。

众所周知，截至大正四年（1915）一月，本院①（东京市养育院）收留了两千五六百个贫民，其中有些人是本性善良却反招恶果的人，有些是旅行过程中得病的人。虽说这些人大多数是福祸自招，但是我们也必须用同情心对待他们。我们对人应该常常抱有"人道"之心，所谓人道，其中一点就是我们要时刻把"忠恕"放在心上。不管从事什么工作，我们都必须忠于职守，而且富有仁爱之心。我的意思不是说要一直给予他们特殊待遇，而是要时刻心怀怜悯之心——我真心希望大家能够明白这一道理，并且在工作、生活中也践行这个道理。

此外，大家作为医务工作者，如果单纯把患者作为自己的研究对象，那真的是遗憾至极。虽然对于医生而言，把患者当作研究对象也不是坏事，但是，我希望医生都能够把治疗患者放在第一位，护士也一样，对待患者要亲切。纵然他们在精神性格上有许多缺陷，我们也应该用上述的忠恕之心对待这些人。忠恕是一个人的立身之本，也掌握着一个人的福运。

---

① 涩泽荣一在1874年创办的福利机构，创办的目的是保护和帮助穷人等弱势群体。

失败还是成功

说起中国的圣贤，人们首先就会想到尧、舜、禹和孔子等人。在所有圣贤中，用今天的话来说，都是成功者。他们生前都已经取得了丰功伟绩，受到世人尊崇。然而，孔子却不在他们之列。孔子在生前无辜遭罪，困于陈蔡之野，饱尝艰辛，他在社会上也没有留下什么显著的功绩。但是，千年之后，用现在的眼光来看，比起那些在生前就已取得丰功伟绩的圣贤而言，一生多遭失败、怀才不遇的孔子反而受到更多人的景仰。

我的朋友白岩君是个中国通。他告诉了我很多事情，并且还给我看了他发表在《心之花》^①上的游记。看了他的文章，我知道了很多事情。孔夫子在生前既不像尧、舜、禹那样在政治上取得赫赫功绩，也没有身居高位，更没有富可敌国的财富，用现在的话来说，就是没有取得成功的人。可是，他绝对不是失败者，相反，他取得了真正的成功。

如果只把当下的成就作为论其成功、失败的根据，那么，在凑川^②寡不敌众兵败、英勇战死的楠木正成，应该算是一个失败者。而

① 《心之花》创刊于1898年，以发表和歌为主，创刊人为著名的和歌诗人佐佐木信纲。

② 凑川之战，是日本历史上的重要战役之一，也是后醍醐天皇与足利尊氏的决战，以足利尊氏的胜利告终。凑川为日本古地名，即今日本兵库县神户市，著名将领楠木正成在此战中阵亡。

荣登征夷大将军之位，威震四海的足利尊氏则是一个成功者。然而，在今天却没有人崇拜尊氏，而崇拜正成的人比比皆是。生前被誉为成功者的尊氏成了永远的失败者，而生前被当作失败者的正成，却成了一个永远的成功者。菅原道真和藤原时平也是如此。时平在当时算是成功者，而道真公却获罪流放于九州的太宰府，他只能望月长叹，不用说，他在当时是一个妥妥的失败者。但是，在今天没有人尊敬时平，而道真公却被供奉为"天满大自在天神"，日本各地都有供奉他的庙宇。因此，道真公的失败绝不是真正的失败，而是真正的成功。

如果只根据这些事实来推论，显然世人所谓的成功未必就是成功，失败也未必是真正的失败。像公司等其他营利性单位或者机构，一旦失败，则会给投资人等带来诸多麻烦，造成巨大的损失，所以管理者无论如何都要力求成功，不允许自己失败。但是，在精神方面的事业，如果目光短浅，只顾眼前的成功，那就会遭到社会唾弃，对世道人心的进步也毫无贡献，将以永远的失败告终。比如，有人想通过发行报纸、杂志等出版物，以达到让世人觉醒的目的。即使要逆着时代的潮流，甚至反抗旧俗，因此招来横祸，陷入了世人所谓失败的境地，饱尝痛苦、辛酸，也在所不惜。这种情况也不是没有，但是，这绝不是失败。虽然一时看起来是失败，可是，长期的努力绝对不会毫无价值，总有一天，社会会因此而受益无穷。不用等到千年以后，经过十年、二十年或者数十载，这个人的功绩一定会被社会所认可。

从事文字写作和其他精神文明方面工作的人，如果为了在生前取得今天世人所说的成功，而不惜阿谀奉承，急功近利，那么这种人的所作所为对社会毫无益处。有些人只会空口说些豪言壮语，树立的目标完全没有触及人生根本，也不切实际，还不付出丝毫的努力，百年之后，即使等到黄河水清见底①那天，我敢说这种人必然也是失败的，他们绝无可能取得真正的成功。相反，正如在今天，孔子的思想已经成为世界千千万万人安身立命的基础，为后世人心道德发展做出了巨大贡献那样，只要使出浑身解数，为后世留下精神财富，那么，在精神文明方面一时的失败也绝不是真正的失败。

尽人事，听天命

"天"究竟是什么呢？这是天命，那也是天命，归根结底这些都是人们自己任意决定的，"天"根本就不知道。所以"人畏天命"，就是承认了这个世界上还有人力无可奈何的某种巨大力量的存在。对于那些不可能的事、不合情理的事，我不认为尽了人力，还非要贯彻

---

① 日语中的俗语"百年河清"，意为等待黄河的水变清澈要很长时间，比喻即使希望也不太可能实现的事。

执行，坚持到底。以"恭、敬、信"对天，就像明治天皇所颁布的《教育敕语》所说的"通于古今而不谬，施于中外而不悖"。条条大路通罗马，不过分夸大人的力量，慎做不合情理的事就行了。至于人们认为天、神、佛有人格，具备有形的身体，能左右感情，我认为这是非常错误的观念。

不管人们是否意识到"天命"的存在，它就像是四季流转，存在于万事万物之中。与之相对，人们只有以恭、敬、信之心敬畏天命，才能真正理解"尽人事，听天命"这句话的真正含义。在实际生活中，应该如何理解"天"呢？我觉得孔子的理解就非常到位。总之，不要把"天"当作有人格、有灵魂的生命体，把一切都当作天命，心怀"恭、敬、信"之心，这才是最为妥当、最为理性的做法吧？

湖畔有感

大正三年（1914）春天，我去中国旅行，到上海的时候，已经是五月六日了。次日，我乘火车抵达杭州。杭州胜景——西湖，闻名天下。西湖边有一块岳飞石碑，离石碑七到九米远的地方，还有当时的权臣秦桧的跪像，与之相对。

岳飞是南宋的名将。当时，宋金之间屡屡交战，东京被金国所占领。岳飞奉朝廷之命出征，击破金军。岳飞在收复北方失地时，奸臣秦桧收了金国的贿赂，鼓动皇帝召回在外带兵打仗的岳飞将军。岳飞知道这一切都是奸臣秦桧所为。最后岳飞被秦桧以"莫须有"的罪名杀害了。现在，忠诚的岳飞和奸佞的秦桧仅隔数步之远，相对而视，实在讽刺。这个做法实在巧妙。今天前去瞻仰岳飞墓的人，几乎无一例外，对着岳飞的墓碑热泪盈眶，冲着秦桧的跪像做出不敬的行为。岳飞死后，人们对忠奸如此分明，真是大快人心！

人们在岳飞墓碑前祭拜，冲着秦桧的跪像做出不敬行为，这就是基于孟子所说的"人性善"吧？岳飞的一片赤诚，上天可鉴，深入人心，千年以后，人们仍仰慕其伟大的品德。因此，人的成败，不待盖棺之后，不能轻易论定。我国的楠木正成与足利尊氏、菅原道真与藤原时平都是如此。我瞻仰了岳飞的墓碑后，感触更深了。

顺境与逆境

假设有两个人，其中一人既没有地位，又没有财富，还没有人提拔他，换句话说，在社会上出人头地的重要条件，他几乎一个都没有占。不过，他一门心思读书做学问，最终出人头地。这个人能力出众，身体健康，勤奋努力，做事能抓住重点。别人交给他的工作任务，他总能保质保量地完成，甚至还超出别人的预期。因此，大家都称赞他优秀、靠谱。而且，这个人不管当官与否，都会做到"言必信，行必果"。像他这样的人有朝一日获得荣华富贵。世人仅从这个人的身份、地位来看，大概会以为这个人一直都是顺风顺水的吧？可实际上，这个人既不顺风顺水，也不是诸事不顺，他只不过是凭借自己的本事创造出这样成功的境遇。

另一个人生性懒惰，学生时代经常考试不及格，靠着父母的情面，勉勉强强毕了业。毕业以后，他靠着以前所学的那点知识在社会上立足。但是他天资愚钝，不明事理，而且不求上进，即使找了一份谋生的工作，也无法保质保量地完成上级交代的工作任务，还心生不平，懈怠职守，因此不受老板待见，最后落到被辞退的下场。他回到家里，又遭到父母和兄弟姐妹的嫌弃。在家得不到家人信任的人，自然在乡里也是毫无信用可言了。时间一长，他积攒的不满越来越多，进而自暴自弃。此时，若是身边有些狐朋狗友巧言令色，趁机带坏他，他肯定会走上歧途，很难再走回正道上，之后，他也许只能彷徨于穷途末路之中了。在世人眼中，他就是一个不折不扣的挣扎在逆境的人。

韩退之[①]曾经写下《符读书城南》这首诗，勉励他的儿子。

---

① 韩退之，即韩愈（768—824），字退之，"唐宋八大家"之首。

这首诗的中心思想虽然是勉励世人学习，但是从这首诗中，我们也可以得知顺境、逆境造就的不同境遇。总的来说，不学无术的人，教了也学不进去；好学的人，不用教他也知道要怎么做才是最好的，自然而然就创造了不同的命运。因此，严格来说，这个社会并不存在什么顺境、逆境。

如果这个人天资聪颖，再加上持之以恒地学习与拼搏，那他绝不可能一直处于逆境之中。没有逆境的话，顺境的说法也不复存在了。如果一个人自己主动创造了"逆境"的说法，与此相对，也势必有"顺境"的说法。比如，一个身体虚弱的人，"天气冷了才会感冒""中暑导致腹痛"，张口闭口都是气候的错，却绝口不提自己体质差的事。如果在感冒、肚子疼之前，把身体锻炼强壮，应该就不会因为气候变化而被病魔折磨。平时怠于锻炼，自然就容易得病了。然而，得病以后，却不认为是自己的责任，反而埋怨天气，这和自己亲手造成了逆境却怪罪于老天的那一套逻辑是一样的。孟子对梁惠王所说的"王无罪岁，斯天下之民至焉"也是一样的意思。梁惠王不提政治上的腐败，而归罪于年成不好，这是错误的。要想民众心悦诚服地拥戴统治者，其影响因素根本不在于年成的好坏，完全看统治者的德行如何。然而，梁惠王把民众不拥戴自己归咎于年成不好，却将自己德行不足一事抛之脑后。这种心理就和自己造成了逆境却归咎于老天一样。总之，现在社会上很多人都有一种通病，把自己的智力、勤勉等原因都置之脑后，却以为这就是逆境。我认为这实在是愚蠢至极。我坚信，只要有差不多的智力，再加上勤勉，那么世人所说的逆境是不存在的。

根据以上所述，我几乎可以说，这个世界上根本不存在什么逆境。但是，有一种情况不适用于这个说法。那就是同样在智力、才干方面都是无可挑剔的人，同样勤奋上进，甚至足以成为众人的表率，但是，有的人在政治界、实业界中发展得顺风顺水，颇为得志，有的人却每每事与愿违，处处备受打击。我认为，像后者这样的人物所经历的境况才是真正的逆境。

胆大心细

社会进步的同时，行业规定的整顿与完善也是必然的。要是从新兴行业开始整顿的话，一些条条框框的束缚就会造成诸多不便，人们也会倾向于保守。当然，不管在什么情况下，我们都应避免草率行动，也要避免过度考虑风险因素，更不能思维僵化而犹豫不决，否则我们终将跟不上时代的潮流。因循守旧会阻碍整个社会进步发展。这不仅影响个人前途，还影响国家的前途。这都是令人无比担忧的事情。

　　如今，世界形势日新月异，竞争日益激烈，科技的发展也是翻天覆地。但不幸的是，日本曾长期处于闭关锁国的状态，远远落后于世界发展的大势。一方面，开放以来，日本虽然取得了令各国叹为观止的进步，可是，社会各个方面依旧落后于那些先进国家也是不争的事实。换句话说，我们尚未摆脱落后国家的状态，我们必须加倍努力向前发展。另一方面，个人的发展也好，国运的发达也好，这些都离不开竭尽全力、敢闯敢拼、勇猛进取的精神。因此，过分看重现有的事业，或者因为害怕犯错、招致失败而犹犹豫豫，这些懦弱无力的做法只会导致国运衰退。我希望大家认真对待此事，大胆制定计划，谋求发展。我比以往任何时候都深刻地感受到，我们不仅要培养国民勇敢进取的精神，同时，还需要培养能够真正发挥这些精神的人，这些是当务之急，重中之重。

　　首先，必须成为真正独立自主的人。过分依赖他人，必然会导致自己的实力衰退，从而难以产生最为可贵的自信心，容易养成因循守旧、墨守成规的性格。所以，大家要大力鞭策自己，千万不能养成懦弱的性格。其次，一味地谨小慎微，过分拘泥于条文成规，埋头于细枝末节，时间一长，自然就消磨了精力，削弱了勇敢挑战的勇气。所以，对于这一点，我们一定要多加注意。当然，努力是必要的，但同时也要发挥大胆的魄力。只有细心、大胆，才能成就一番大事业。我们必须警惕近来的倾向。近来，年轻人展现出了新的活力，并显露出大显身手的魄力，这是件可喜可贺的事。但是，与此同时，中年人却暮气沉沉，毫无朝气与活力。这种状况令人无比担忧。必须一扫企业家视政府为万能、过分依靠政府保护的风气。要有不依赖政府力量，坚持独立发展事业的决心。此外，如果过分拘泥于小节，埋头于局部的小事，那么就会导致人们害怕违反既定规则，从而变得小心翼翼，或者按部就班，过分汲汲于现状。这样一来，恐怕就难以创造新兴事物、发展新兴事业、增强经济活力了。

成败不过是糟粕

世界上运气极差却取得成功的人不是没有。但是，世人看人却常常只是从表面上以成功、失败为定论。这从根本上就错了。我们应该以一个人应该尽的义务作为标准，决定自己的人生道路。由此，所谓失败、成功，都是不值一提的小事，这些也都不是问题的关键。有人侥幸逃脱惩罚获得了成功，也有人可能非常优秀，却运气不佳失败了。当我们目睹这些事情，我们没有必要感到失望、悲观。所谓成功、失败，实际上，这些不过是经过一番努力之后，留在人身上的糟粕而已。

很多现代人眼中只有成功和失败，却对天地间比这更为重要的道理不屑一顾。他们对事物的本质视若无睹，却把糟粕一般的金钱、财富看得比灵魂还重要。人必须时刻牢记为人处世应尽的职责，切实履行自己的责任，如此才能获得真正的满足感和成就感。

大千世界，本该成功的人却惨遭失败的例子比比皆是。常言道，智者改命。可见，主宰人生的不仅仅是命运。只有智慧的加持，才能掌握自己的命运。不管是多么善良的君子，如果缺乏重中之重的智慧，即使天降良机，他也会与之失之交臂吧？德川家康和丰臣秀吉就是典型的例子。假如丰臣秀吉活到八十岁，而德川家康死于六十岁，历史的走向又将会有什么样的变化呢？天下也许就不再属于德川家康，丰臣一脉的统治将继续吧？但是，最后老天却助了德川家康一臂之力，丰臣秀吉却尽失大势。丰臣秀吉死期早临，与此同时，德川家康把名将、谋士、家臣都收于麾下。而丰臣秀吉的侧室——淀君妄图篡权干政。丰臣秀吉临终前把年幼的丰臣秀赖托付给忠心耿耿的片桐且元，希望片桐且元辅佐幼君。不料，淀君弃且元不用，反而重用大野父子。石田三成的关东征伐一战，竟成为丰臣秀吉一派灭亡的助推剂。

那么，个中缘由，究竟是丰臣秀吉太愚蠢，还是德川家康太贤明？根据我的判断，德川家康成就三百年和平的江户幕府时代，其原因是命运使然。话虽如此，抓住命运却是一件难事。面对机遇，普通人往往缺乏把握命运的智慧，与命运失之交臂。只有像德川家康那样，运用智慧，才能抓住眼前的机会。

人只有脚踏实地，锲而不舍地努力，才能创造属于自己的命运。即使失败了，也是因为自己的智慧和能力不够。如果成功了，那就是自己充分运用了智慧。最后的结果不管是成功还是失败，都由老天爷安排。这样的话，即使失败了，人也不会怨天尤人，只要坚持不懈地学习，总有好运再来的时候。人生的道路千万条，虽然有时候看上去好人输给坏人，但是，从长远来看，善恶差别，自有分晓。因此，与其在这儿议论成败的是非善恶，倒不如先脚踏实地地努力。公正无私的老天爷，一定会为这样的人打开命运的大门，赐予他们好运。

人生的道理，就好像天上的日月，永远闪耀着光芒，不为乌云所遮盖。因此，我认为，为人处世行得正的人，一定会得到好报；反之，则是多行不义必自毙。一时的成败，在漫漫人生的长河里，只不过是泡沫而已。可是，憧憬这些一戳就破的泡沫，只在乎眼前一时的成败的人却比比皆是。一想到这儿，我不由得担忧国家未来的发展与进步。我认为，我们都应该摒弃这种肤浅的想法，把自己的生活过得有意义。如果能够摆脱以成败论英雄的想法，遵循超然物外、宠辱不惊的为人处世的道理，那我们一定可以拥有与"唯成败论价值"不一样的人生。我们的人生一定会更有价值。所谓成功，不过是完成生而为人的责任之后留在身上的糟粕而已，不必在意。